I0663347

Le Pardon

*Guide pour la guérison
de l'âme*

Données de catalogage avant publication (Canada)

Marie-Lou, 1955-

   Le pardon: guide pour la guérison de l'âme

   (Collection Vos richesses intérieures)
   Comprend des références bibliographiques.

   ISBN 2-89225-438-8

   1. Pardon. 2. Pardon – Aspect religieux. 3. Vie spirituelle.
I. Claude, 1941 – II. Titre. III. Collection.

BF637.F67M37 2000   158.2   C00-940384-1

© Les éditions Un monde différent ltée, 2000
Pour l'édition en langue française

Dépôts légaux: 1er trimestre 2000
Bibliothèque nationale du Québec
Bibliothèque nationale du Canada
Bibliothèque nationale de France

Conception graphique de la couverture:
OLIVIER LASSER

Photocomposition et mise en pages:
COMPOSITION MONIKA, QUÉBEC

ISBN 2-89225-438-8

Nous reconnaissons l'aide financière du gouvernement du Canada par l'entremise du Programme d'Aide au Développement de l'Industrie de l'Édition pour nos activités d'édition (PADIÉ) ainsi que le gouvernement du Québec grâce au ministère de la Culture et des Communications (SODEC).

Imprimé au Canada

Marie-Lou et Claude

Le Pardon

*Guide pour la guérison
de l'âme*

Les éditions Un monde différent ltée
3925, Grande-Allée
Saint-Hubert (Québec), Canada J4T 2V8
Tél.: (450) 656-2660
Site Internet: *http://www.umd.ca*
Courriel: *info@umd.ca*

*Ce livre est dédié à la
bienheureuse
Mère Marie de l'Incarnation
et au souffle de
vie qui nous anime tous.*

Table des matières

Chapitre 7

Chapitre 8

Remerciements

Un merci sincère:

à Marie-Claude, enfant de la lumière, et à Marielle pour son amitié et son aide remarquables;

à Hélène Brousseau-St-Hilaire, pour le soutien inconditionnel durant l'écriture de ce livre;

à Thérèse Leclerc, Linda Brousseau, Marie-Rose Jones, c.n.d., Paul-Émile Dostie, Paul Casavant, Claude Lahaise, Colombe Plante, François Houle, Francesca Biondi, c.s.c., Jocelyne Giroux, Marie Tremblay, Chantal Ouellet, Sylvie Langlois, Laurent Orr et Nicole Gratton, pour leur précieuse amitié qui se poursuit au fil des ans;

à Michel Ferron et toute son équipe pour leur dynamisme et leur professionnalisme;

aux aides invisibles qui tracent invariablement la route devant nous.

❋   ❋   ❋

Introduction

*L*orsque le pardon étend sa main salvatrice sur les âmes blessées par la vie, la nuit qui prévalait laisse alors place aux premières lueurs de l'aube. Les prémisses timides de la guérison s'épanouissent dans une magnifique renaissance et l'être tout entier retrouve la paix et la sérénité.

Tous et chacun, nous rêvons de briser les chaînes du ressentiment, de la jalousie, de la colère ou du désespoir qui nous lient aux autres. Nous souhaitons même voir disparaître les aigreurs, les dissensions et les guerres en nous et autour de nous. Et, pour paraphraser l'écrivain Renard, même si un monde parfait ne règne pas sur cette terre, il n'en demeure pas moins que de tendre vers la perfection demeure notre mission initiale. Celle-ci exige de notre part un certain effort, voire même un brin de courage, pour apprendre à développer l'amour et la compassion. Mais le résultat en vaut la chandelle.

Dans ce livre, nous vous proposons une approche et une démarche à la fois sommaires et existentielles sur le pardon. Loin de nous la prétention de vous apprendre quelque chose de nouveau ou d'aborder des théories inexplorées jusqu'à ce jour sur ce thème brûlant. Toutefois, bien simplement et modestement, nous examinerons le pardon sous différents angles. Nous poserons des questions de fond: Qu'est-ce que le pardon? Pourquoi, à qui, et comment pardonner?

Pour vous y aider, des fables, des témoignages, des pensées de sagesse, des prières et des exercices concrets viendront appuyer et éclairer votre propre cheminement. Ainsi, vous pourrez apprivoiser le pardon et accueillir la réconciliation comme un moyen de guérison de l'âme.

Qui d'entre nous ne souhaite pas se départir du fardeau qui pèse lourdement sur ses épaules? Qui ne désire pas libérer son cœur des tourments causés par les conflits et les rancunes? Nous cherchons tous cet espace de paix à l'intérieur de nous-mêmes, mais les nombreux voiles de la peur, de l'envie, du doute, de la révolte et de la vengeance nous empêchent d'entrevoir cette liberté tant recherchée, et nous ne pouvons pas alors consentir à la vivre.

Bien entendu, pour y parvenir, il n'existe pas de recettes miraculeuses. Par contre, la bonne volonté et le désir profond de changement sont les conditions essentielles à la réussite de cette entreprise. De plus, ce livre s'adresse à tout le monde, peu importe ses convictions religieuses ou son statut social, et son objectif est de satisfaire aux nombreuses demandes sollicitant un condensé et un guide pratique pour une démarche de pardon.

Ce que nous vous présentons dans ce volume a été éprouvé par des centaines de personnes et nous sommes confiants que vous y trouverez à votre tour des réponses à vos interrogations. Il n'est jamais trop tard pour tourner la page à un passé bouleversant et malheureux.

C'est pourquoi, nous vous souhaitons une plongée dans les eaux profondes du pardon et de la réconciliation, afin que votre cœur retrouve sa véritable raison de battre.

Marie-Lou et Claude

✳   ✳   ✳

Chapitre 1

Le pardon

*P*our que notre âme révèle ses qualités premières et pour qu'elle guérisse de ses blessures, nous devons parcourir le sentier de la purification. En effet, nous accomplissons un pas important vers la paix intérieure en illuminant les couloirs sombres de notre esprit, grâce au rayon bienfaisant de la compassion et de l'amour.

Depuis que le monde est monde, on pratique des rituels de purification et de libération, tant individuels que collectifs. Des sorciers, des chamans, des sages, des guérisseurs, des magiciens, des prêtres-médecins ou des prêtresses s'adonnent encore aujourd'hui dans certains lieux à des cérémonies sacrées autour d'une personne afin de libérer son âme des esprits mauvais. Pour parvenir à leurs fins, ils utilisent des herbes spéciales et des amulettes, récitent des prières, entonnent des chants, des incantations magiques et procèdent à des rituels d'incubation.

Dans les mythes, les fables, les légendes et les contes de fées, nous retrouvons des dieux, des êtres surnaturels, des héros, des princes et des animaux magnifiques représentant les maîtres initiateurs qui, par le merveilleux et le mystique, ramènent le bien, là où se trouve le mal.

Qu'il s'agisse du christianisme, du bouddhisme, de l'hindouisme, de l'islamisme, ou d'autres manifestations de foi, il va sans dire que les religions qui ont émergé au fil des siècles ne sont pas exemptes de certains rituels de purification. À leur manière, chacune d'elles se livre à, soit des exorcismes, des rites de passages, des cérémonies, des confessions publiques, individuelles, ou à des prières qui incitent toute personne à se purifier et à alléger ou guérir son âme.

À notre époque, des personnages influents, tels Gandhi, Martin Luther King, le Pape Jean-Paul II, Mère Teresa et combien d'autres, ont compris l'importance de la purification et, de manière concrète, ont été des exemples pour nous. Le pardon et l'amour du prochain se retrouvaient au centre de leur vie publique.

Mahatma Gandhi, l'apôtre de la paix et l'âme principale du mouvement d'indépendance nationale de l'Inde, a fondé toute son action sur le principe de la non-violence.

Martin Luther King, ce pasteur américain de race noire, a reçu le prix Nobel de la paix en 1964 pour son travail d'intégration de ses pairs, sans recourir à la révolte et au combat.

En ce qui a trait au Pape Jean-Paul II, non seulement a-t-il pardonné à l'individu qui voulait attenter à sa vie, mais il lui a en outre rendu visite en prison.

Mère Teresa, dans les bidonvilles de Calcutta, a tendu la main aux plus pauvres des pauvres, exerçant ainsi l'amour parfait du prochain sans aucun jugement ni condamnation.

Une multitude de personnes, au cours de leur existence, ont pratiqué l'abnégation pour se mettre complètement au service d'autrui. Bon nombre d'entre elles, contre tout entendement humain, ont pardonné l'impardonnable. Pour en arriver à une telle grandeur d'âme, elles ont dû sillonner le chemin de la purification en passant par la longue nuit noire de la souffrance. D'autres ont traversé le pardon comme on franchit une rivière à gué, doucement et sans encombre.

Bien sûr, nous n'ambitionnons pas de devenir des personnages illustres auréolés de sainteté. Par contre, nous cherchons tous plus ou moins consciemment, à pacifier notre existence, à la rendre plus harmonieuse, plus authentique, plus libre et davantage spirituelle.

Malheureusement, à bien des égards, nous sommes devenus des êtres inquiets, déçus et confus, cherchant sans relâche la source du bonheur et de la joie à l'extérieur de nous-mêmes. Notre quête effrénée sur des sentiers pittoresques et alléchants nous éloigne du trésor de vie qui se cache dans les replis mêmes de notre âme. Dans cette quête personnelle, nous accumulons erreur par-dessus erreur et nous éprouvons un mal fou à éliminer la culpabilité et le ressentiment qui se développent en parallèle.

En fait, une démarche sérieuse de pardon permettrait de faire tomber nos barrières de peurs et de haines. Cette expédition parfois incertaine au cœur des souvenirs douloureux demande beaucoup d'humilité et de courage. Mais, en bout de ligne, notre horizon voilé au départ par nos manques d'amour, s'élargit pour laisser apparaître la lumière bienfaisante de la véritable paix intérieure.

Le pardon: un choix, une décision

Pour dépasser la limite de soi-même et accéder à la guérison de l'âme – cette partie spirituelle et immatérielle de nous-même mais combien déterminante dans la pensée, la volonté et le comportement – un premier pas demeure nécessaire: celui du choix. Il arrive très souvent, et bien malgré nous d'ailleurs, que la douleur insupportable d'un conflit non réglé nous incite à opter pour le pardon libérateur. Mais, quand le cœur se noie dans la tristesse profonde ou se durcit dans la colère noire, faire le choix de la libération peut sembler au-dessus de nos forces. Car peut-on vraiment pardonner, au fond? Oublier? Passer l'éponge?

Chose certaine, un choix éclairé suppose, au préalable, une bonne connaissance du pardon. Mais, qu'est-ce que le pardon? Le verbe pardonner vient du terme latin *perdonare*. Pardonner, c'est agrandir son cœur pour aimer davantage, bien au-delà de l'offense. Lorsqu'une personne consent à pardonner, elle considère toute faute comme un égarement ou un accident de parcours et elle renonce à l'idée d'en tirer une quelconque revanche. Elle détourne son visage de sa propre souffrance pour embrasser la lumière libératrice de l'amour.

Le pardon se donne et se reçoit. Dans la mémoire, il représente un outil sacré pour effacer ou amoindrir les souvenirs pénibles, encore sources de souffrances morales ou physiques. Le pardon pénètre et sonde les profondeurs de l'être pour extirper, à la racine même, le mal qui ronge et qui détruit. Et, pour que deux personnes blessées se réconcilient, la compassion, telle une douce mélodie, doit complètement envahir l'âme. Alors, cette dernière peut s'élever vers de plus nobles sentiments et s'épanouir jusqu'au don d'elle-même: «par-donner».

Aux heures douloureuses, la compassion nous aide à accepter, avec sensibilité et sagesse, les voies différentes de l'autre. Telle une flèche d'amour que l'archer tend vers le centre de tout conflit, elle fait éclater les murs d'incompréhensions érigés entre deux êtres. Avec une inépuisable patience, elle nous mène vers les plus hauts niveaux de conscience pour y réaliser l'union des cœurs.

Le pardon, de nature humaine et d'ordre divin

Pour tracer le pont entre les deux pôles humain et divin du pardon, il importe d'entreprendre vaillamment la marche en avant, en décourageant toute forme de complaisance personnelle. La persévérance tranquille conduira assurément à diviniser notre démarche bien tangible.

Au plan humain, le pardon représente un geste sensible et concret que nous choisissons d'étendre aux autres aussi bien qu'à nousmême. Au plan divin, il exprime notre capacité à nous laisser envelopper par la présence compatissante et amoureuse de Dieu. Son pardon vient alors pénétrer notre âme et la libère de ses nombreuses scories. Bien que nous devions faire le premier pas pour enclencher la démarche de réconciliation, le pardon final revient à Dieu qui passe à travers nous pour accomplir son œuvre d'amour.

Nous n'allons jamais seul vers le pardon. L'Esprit nous accompagne et nous guide. Avec notre consentement, il souffle comme une brise légère sur les fondations fragiles de nos discordes et nous aide à construire de nouvelles assises, fermes et inébranlables, de paix et d'harmonie. Les eaux troubles de la peur et du ressentiment qui noyaient la beauté de notre âme se sont évaporées, et la fleur d'amour qui sommeillait en nous peut désormais s'épanouir dans une nouvelle eau limpide et cristalline.

Retrouver le sillon de l'amour

Pardonner, comme le pensent certaines personnes, ne signifie pas supporter celui qui nous a offensé, le renier, l'assujettir, envahir son territoire, ou encore accepter qu'il poursuive sa ronde de méfaits. Le pardon ne désire pas non plus cantonner une personne dans une attitude défensive, hautaine ou même indifférente. Il cherche à redonner à l'être humain sa dignité et, du même coup, lui rappeler le véritable sens du mot amour.

Pour nous préparer peu à peu à une vie plus spirituelle, nous devons consentir à pardonner, non seulement parce que nous sommes les victimes des événements, mais bien pour briser le cercle de haine qui entoure notre vie et nous maintient dans l'errance de l'âme. Ce vagabondage découle des pensées désordonnées qui occupent notre esprit à longueur de journée, comme une mauvaise ritournelle.

Plus notre âme erre dans les bas-fonds du négatif, plus elle réagit promptement et maladroitement aux événements circonstanciels de la vie. Ainsi, au lieu de s'ouvrir à la vie spirituelle, en avançant dignement vers la lumière qui la purifie, elle s'enlise dans le marasme de l'apitoiement et de l'amertume. Comme un mendiant, elle traîne, ici et là, incapable de trouver un refuge sûr.

Impuissants à saisir quelle est notre part de responsabilité quant à la conduite de notre vie, nous nous affaissons sur nous-mêmes, découragés d'être prisonniers de ces interminables méandres dans lesquels nous nous sommes empêtrés. Pourtant, il n'en tient qu'à nous, et à nous seulement, de changer notre quotidien pour retrouver le sillon de l'amour et de la paix au tréfonds de nous.

Notre baromètre intérieur connaît exactement le moment et l'heure propices pour nous engager sur le sentier de la résolution des conflits. Notre saboteur – celui qui nous fait croire que nous n'avons aucune raison de pardonner – le sait aussi. Certes, il saura se montrer fort virulent à notre porte au moment de pardonner, mais ne nous laissons pas intimider par cette petite voix raisonneuse. Faisons éclore en nous les qualités de courage et de détermination qui nous aideront à traverser honorablement la souffrance occasionnée par une telle quête.

Lorsque nous décidons de nous mettre en marche, le chemin à parcourir peut nous paraître interminable. L'important ne consiste pas tant à voir d'emblée la fin, mais bien davantage à accepter les obstacles qui pourraient surgir en cours de route. Les risques de parcours sont souvent diminués quand nous remettons notre démarche dans le cœur de l'Amour. Comme l'a si bien dit Thomas a Kempis: «L'amour veille sans cesse et ne connaît pas de repos. Aucune fatigue ne l'abat, aucun lien ne l'enchaîne, aucune frayeur ne le trouble; mais telle une flamme, haute et vive, il s'élance vers le ciel et s'ouvre un passage en dépit de toutes les difficultés[1].»

Alors, avec foi et confiance, prenons notre houlette et faisons le premier pas sur le chemin du pardon.

✳   ✳   ✳

1.   Kempis, Thomas A. *Imitation de Jésus-Christ*. Éditions Médiaspaul, 1998, pp. 104-105.

Chapitre 2

Pourquoi pardonner?

*D*ans la mythologie germanique, Hugi, déesse de la pensée, fut invitée à relever un défi par l'athlétique guerrier Thialfi. Ce concours visait à établir lequel des deux clans était le plus rapide: celui des dieux ou celui des géants. Mais Thialfi avait beau courir de toutes ses forces, peu importe sa rapidité, il n'arrivait pas à devancer Hugi dont la vitesse allait toujours en augmentant. La raison en était fort simple: Hugi représentait l'illusion de la pensée! Et, c'est bien connu, celle-ci demeure toujours plus rapide que le geste.

Dans notre monde de peurs et d'angoisses, nous sommes trop souvent portés à écouter le murmure de nos illusions plutôt que les voix de l'harmonie et de la paix intérieures. Comme Thialfi, nous tentons en vain de gérer notre vie à partir de concepts matériels et fugaces. Nous courons à perdre haleine vers des buts impossibles à atteindre alors que tout se trouve dans «l'ici et le maintenant». Notre incapacité à parvenir à des résultats concrets nous fait revenir à la case départ: la souffrance et le désarroi.

Le pardon, qui pourrait réduire en cendres nos animosités et nos ressentiments, demeure étrangement inaccessible au moment où nous en avons terriblement besoin. Pourquoi? Pourquoi pardonner? Et surtout, pourquoi pardonner l'impardonnable? Le pardon n'est-il après tout qu'une simple chimère, évoquant une réconciliation possible entre une personne et nous – celle avec qui, justement, nous avions rompu toute relation?

L'objectif du pardon

L'objectif du pardon consiste à guérir les blessures occasionnées par les offenses et à retrouver ainsi l'estime de soi, la paix, la joie et l'harmonie. Lorsque nous souffrons et que nous vivons toutes sortes de situations troublantes, nous nous disons intérieurement:

–   *«Je ne peux plus continuer de vivre ainsi. Je dois faire quelque chose à tout prix.»*

–   *«Le temps est venu pour moi de mettre fin à l'anxiété et à la colère qui me submergent.»*

–   *«J'ai besoin d'être aidé, d'être éclairé, car je ne pense qu'à me venger.»*

–   «*Il n'y a aucune issue à tout cela. Je ne veux plus rien savoir de personne.*»

Ces cris du cœur, il faut les écouter. Malheureusement, plusieurs parmi nous choisissent les solutions du monde actuel:

–   se laisser aller à la dérive;
–   tout lâcher, abandonner;
–   pleurer jusqu'au bout de ses larmes;
–   s'isoler du reste du monde;
–   confronter les gens autour de nous;
–   se créer une bulle, un carcan défensif;
–   attenter à sa vie.

Que faire alors? Comment retrouver notre esprit de discernement et notre calme intérieur? Un des moyens consiste à pardonner. Pardonner veut dire: OUI.

–   «*Oui, je veux alléger le fardeau de souffrances qui pèse lourdement sur mes épaules.*»
–   «*Oui, je veux briser le cercle de colère et de haine qui entoure mon cœur.*»
–   «*Oui, je veux me défaire des illusions et des scénarios que j'ai tissés autour d'un événement.*»
–   «*Oui, je veux guérir mon âme blessée et repliée sur elle-même.*»

- *«Oui, je veux entreprendre le passage important de la dépendance à l'autonomie.»*
- *«Oui, je veux retrouver un cœur d'enfant, libre et ouvert.»*
- *«Oui, je veux retrouver le souffle de l'émerveillement et de la gratuité.»*
- *«Oui, je veux tracer un pont entre l'humain et le divin.»*

Le pardon apaise l'âme. Il peut même contribuer à des guérisons spectaculaires, tant morales, physiques que spirituelles. Combien de guérisons physiques ont été répertoriées dans les hôpitaux, auprès de patients qui ont entrepris de se libérer des chaînes du ressentiment? Combien de guérisons de l'âme ont été rapportées dans différents livres ou magazines à la suite d'une démarche positive de pardon? Et que dire des centaines de milliers de personnes qui, chaque année, entreprennent une démarche de pardon pour soulager leur cœur du poids trop grand de la haine?

Tous ces gens ont compris, plus ou moins consciemment, qu'il vaut mieux acquérir la liberté que de s'enfoncer dans la haine et la rancœur. Il n'est pas nécessaire d'attendre non plus que notre vie devienne un champ de bataille et qu'elle se résume à une vallée de larmes et une montagne de tourments pour envisager une solution à nos malaises. Lorsqu'un conflit nous déchire intérieurement, il faut passer aux actes, mais seulement dans la mesure où psychologiquement, nous nous sentons prêts à le faire.

La force de l'amour

Six siècles avant Jésus-Christ, le fabuliste grec, Ésope, a démontré, dans une de ses fables, comment certaines dissensions peuvent disparaître sous l'influence d'un acte concret d'abandon et de lâcher prise. Nous vous offrons ici une adaptation de cette histoire:

«Le Vent et le Soleil ne vivaient pas des jours heureux ensemble. Toujours en compétition, chacun tentait de prouver sa supériorité à l'autre.

«N'en doute jamais! dit le Vent au Soleil. Je suis plus fort que toi! Lorsque je me déploie, rien ne me résiste, même pas les toitures des maisons.

– Mais personne ne saurait contredire le fait que je suis plus grand et plus fort que toi, répondit le Soleil. À moi seul, je peux transformer une prairie verdoyante en un désert sans vie et sans eau. Je suis capable aussi de réchauffer la terre pour qu'elle produise et transforme les plantes en une flore verte et luxuriante. Et, plus encore, je suis en mesure

de raviver le cœur des êtres blessés par la vie grâce à ma chaleur et ma présence.»

Agacé par l'insistance du Soleil à le faire paraître inférieur, le Vent lui déclara la guerre. Il dit au Soleil:

«Nous allons régler cela une fois pour toutes. Tu vois là-bas ce gentilhomme déambulant dans le parc?

– Bien sûr! Je le vois. Ne suis-je pas le Soleil qui éclaire tout?» lui déclara doucement le Soleil.

Sans commenter cette dernière réplique, le Vent déclara:

«Celui qui réussira le premier à lui faire enlever son manteau sera le gagnant. Alors, plus jamais il ne sera question de querelles entre nous. D'accord? lui susurra le Vent d'une voix mièvre.

– D'accord!» répondit le Soleil.

Il se cacha derrière un nuage pendant que le Vent commençait à se déployer et à gronder. Bousculé par cette force soudaine, l'homme, dans le parc, se replia sur lui-même, tenant son manteau fermement serré contre lui. Peu importe les efforts du Vent, l'homme qui grelottait de plus en plus, serrait davantage son pardessus. Dans sa rage, le

Vent souffla encore plus fort, apportant les résultats contraires à ceux escomptés. Vaincu, il laissa la place au Soleil non sans lui dire avec assurance:

«Ne pense pas que tu vas faire mieux!»

Sans mot dire, le Soleil attendit que les nuages se retirent pour s'exécuter. Dans un premier temps, il répandit doucement ses chauds rayons sur l'homme qui commença à se réchauffer. Dès que le Soleil devint plus chaud et plus haut dans le ciel, l'individu déboutonna son manteau. Puis, ne pouvant plus supporter une telle chaleur, il le retira. Lorsque les rayons se firent encore plus ardents, il dut même enlever sa chemise et s'abriter sous le feuillage d'un arbre pour bénéficier d'un peu d'ombre.

Devant cet exploit, le Vent fit une longue révérence au Soleil:

«Tu as gagné! admit-il, avec un peu de dépit dans la voix. Sais-tu pourquoi tu es le plus fort?

– Pourquoi? lui demanda le Soleil.

– Parce que la douceur et le respect sont beaucoup plus efficaces que le pouvoir et la force. Au lieu de faire triompher ta volonté, tu as dissipé le climat de méfiance et tu as sécurisé l'homme dans le parc en réchauffant graduellement l'atmosphère. Alors, en toute confiance, il s'est abandonné à ta douce, puis intense chaleur. Il a ensuite retiré ses vêtements.

«Cher Soleil, tu animes en moi le désir de la paix et de l'équilibre. Désormais, je veux vivre en harmonie avec toi, même si nous sommes différents et que nos fonctions sont distinctes. Accepte mes excuses pour mes prétentions et pardonne mon orgueil et ma velléité à vouloir t'être supérieur. Nous sommes tous les deux importants dans ce ciel lumineux. Dorénavant, je refuse de rivaliser et de vouloir établir une domination entre nous.»

Le Vent entoura le Soleil de ses grands bras aériens et, en guise de réconciliation, le Soleil réchauffa délicatement le Vent qui alla s'étendre longuement dans une verte prairie ondoyante.»

✳   ✳   ✳

L'enfant blessé

Nous sommes tous un peu comme le Vent, cherchant à prouver notre supériorité aux autres. Pourtant, nous ne naissons pas avec ce bagage de tourbillons et de bourrasques intérieurs, mais dès notre plus jeune âge, les gens autour de nous nous lancent toutes sortes de messages contradictoires, et nous les acceptons: *«Tu n'es pas bon! Tu es minable! Je ne sais pas ce que tu vas faire de ta vie! Tête de pioche! Va-t'en, tu me tombes sur les nerfs!»* Nous avalons ces données sans aucune discrimination. Et bien sûr, avec le temps, nous endossons une carapace et nous jetons un regard sur la vie qui ne nous ressemble pas. Nous nous forgeons une personnalité et une image correspondant aux attentes des adultes et dès lors, nous oublions totalement notre véritable individualité.

Alors, au creux de notre âme vieillissante se tapit un petit être qui refoule sa véritable expression. Dans ses relations interpersonnelles, il préfère opter pour des réactions émotives exprimant davantage son besoin d'être aimé pour ce qu'il représente et non pour ce qu'il est. Ce constant combat pour la reconnaissance et la valorisation compromet toute communication authentique avec ses pairs. Petit à petit, une façade se dresse entre lui et les autres, une coquille épaisse et sans faille se forme, et il perd ainsi contact avec l'essence même de sa propre existence.

Dans notre tendre enfance, la plupart d'entre nous avons été blessés par des paroles cuisantes et nous avons encaissé ces dernières comme si elles nous appartenaient. Nous avons grandi en développant soit un complexe d'infériorité nous poussant à toujours vouloir être reconnu, ou son opposé, un complexe de supériorité nous incitant à écraser les autres. Il arrive même que certains adoptent une attitude impassible, camouflant parfois sous un masque des émotions adverses intenses.

En réalité, l'enfant intérieur se bat au sein de l'adulte pour retrouver une présence satisfaisante, tandis que ce dernier tente l'impossible pour regagner l'image perdue de sa jeunesse. Cette valse inconfortable entre l'adulte et l'enfant offre alors un milieu tout à fait propice à la genèse de conflits.

De nombreuses discordes surviennent souvent du désir de l'un de prouver sa supériorité sur l'autre tout en se redonnant une certaine valeur. Par exemple, si un patron insulte et abaisse une employée, généralement cet offenseur répond à une pulsion intérieure. Il veut lui démontrer sa supériorité en l'humiliant. Cependant, si ce même responsable lui dit que son travail laisse à désirer mais qu'il la croit capable de faire mieux, alors cet homme la respecte. Il ne sort pas son chapelet d'injures et de remarques désobligeantes pour dénigrer son travail, mais il lui mentionne les points à améliorer et les correctifs à apporter pour être à la hauteur de sa tâche.

Lorsqu'une émotion néfaste surgit dans une conversation ou un échange, elle provient fréquemment d'une blessure qui saigne encore en nous. Ce directeur ne réagirait pas ainsi avec sa collègue de travail s'il vivait intérieurement en harmonie avec les émotions issues de son passé.

Par ailleurs, aucun désaccord ne peut prendre de l'ampleur sans le consentement profond des personnes concernées. Si l'une d'elles refuse d'investir temps et énergie dans un différend, il ne peut alors s'amplifier et former un gigantesque brasier.

Libérer les chaînes

Le pardon est un don de soi. Renoncer à nos ressentiments et à nos petites vengeances personnelles nous conduit au-delà de nous-même, par-delà les apparences, au pays du cœur où nous pouvons enfin percevoir notre véritable identité et celle de l'autre. Mais, nous direz-vous, pourquoi et comment pardonner? Est-ce possible? Et d'ailleurs, le voulons-nous vraiment?

Au plan spirituel, rien n'est impardonnable même si notre souffrance voudrait bien nous laisser croire le contraire. Cependant, il faut prendre le temps. Le temps de gérer ses émotions, de briser le carcan de ses peurs, de libérer ses chaînes de la honte ou de la haine. PRENDRE LE TEMPS! Il n'y a pas lieu de précipiter une démarche de pardon au détriment d'une réelle libération. Une semaine, un mois, six mois, un an ou davantage..., cela importe peu. Il faut savoir se respecter et faire des choix dans la limite qu'impose notre capacité émotionnelle.

Au plan humain, des événements qui nous apparaissent impardonnables – tels un viol, un meurtre, une agression – peuvent nous mener éventuellement à entretenir une rancune destructrice, non seulement envers l'autre mais particulièrement envers nous-même. Pire encore, le refus bien légitime de ne pas pardonner à l'offenseur peut parfois conduire à un repliement douloureux, permettant de moins en moins d'échanges avec l'extérieur.

Peu à peu, les raisons de vivre s'atténuent et l'âme, profondément blessée, erre dans la souffrance et l'abandon. Son existence devient alors bien plus la survie d'une douleur qu'un chant de louanges à la vie. Dans cette optique, et dans la mesure du possible, pardonner devient essentiel. Mais comme nous le disions précédemment, il faut tenir compte de l'état émotionnel de la victime. Elle seule saura déterminer si elle peut et veut s'engager dans une démarche de pardon où elle sera confrontée à des émotions souvent insoutenables.

Par ailleurs, sous l'effet de la colère, certaines personnes blessées agissent par vengeance et puisent au feu de leur souffrance pour blesser à leur tour. Elles croient ainsi alléger leur propre douleur, mais il n'en est rien. Cette dernière perdure tant et aussi longtemps que l'incendie fait rage dans leur cœur. Rares sont celles qui demeurent indifférentes à un outrage et, plus rares encore, celles qui empêchent l'escalade des émotions adverses et vengeresses.

Lors d'événements dramatiques, nous ne pouvons pas renier le mal intérieur qui nous accable, nous ronge, et nous fait vivre les tréfonds de l'agonie morale. Nous poussons tous nos soupirs de découragement, nos cris de détresse, et nous sommes tous oppressés d'angoisses incalculables. Pourtant, sitôt passé le choc de cet épisode difficile, nous pouvons retrouver un certain équilibre et une délivrance relative en participant pleinement à la consolidation d'une nouvelle vie. Pour ce, il faut accepter d'être guidé par une personne-ressource et choisir les moyens aptes à apaiser nos souffrances. Tâche difficile, certes! Mais, ô combien! porteuse de paix et de sérénité.

✳   ✳   ✳

Chapitre 3

À qui pardonner?

*I*l était une fois une petite fille, Mélodie, dont la vision diminuait de jour en jour. Les médecins, malgré tous les examens d'expertise, ne parvenaient à déceler la cause d'une telle dégénérescence. Devant cette maladie obscure, les parents perdaient de plus en plus leur joie de vivre.

Mélodie portait désormais une grosse paire de lunettes beiges qu'elle retirait, à l'occasion, pour les mettre sur le nez d'un ami très spécial, Coco. Il s'agissait de son ourson en peluche brun qu'elle affectionnait particulièrement. Dans le creux de l'oreille, elle lui confiait tous ses secrets, les merveilleux comme les tristes. Un jour, au moment où elle lui mettait ses lunettes sur le museau, il s'anima et lui parla:

«Je suis le magicien qui te fera découvrir le moyen de guérir, mais dis-moi d'abord *pourquoi tes yeux ne veulent plus voir la lumière du jour?*

— Je ne le sais pas. C'est toi le magicien. À toi de me le dire.

— Mélodie, si je t'en révèle l'origine et la cause, je m'approprie ton pouvoir de discernement. Cependant, si tu prends le temps de fouiller ton passé, tu trouveras la raison et peut-être même la solution à ton problème.»

Elle fit mine de se concentrer, mais sa mémoire demeurait blanche comme neige. Après plusieurs heures de réflexion, la lumière se fit dans son esprit. Bien sûr! elle s'en souvenait maintenant! Quelques mois plus tôt, l'oncle Sam des États-Unis avait rendu visite à sa famille et son petit garçon, Nicolas, avait délibérément cassé en mille miettes sa poupée de porcelaine. Elle pleura longuement devant les morceaux éparpillés de sa poupée préférée. Puis, sa tristesse se transforma en une grande colère. Elle cria à son cousin Nicolas: «Je ne veux plus jamais te revoir». Dès lors, sa vue commença à baisser.

Elle raconta sa découverte à Coco qui lui dit:

«Il ne te reste plus qu'une chose à faire.

— Oui, dit Mélodie, je sais. Je vais pardonner, comme maman me l'a enseigné.»

Alors, elle écrivit une lettre de pardon à Nicolas. Peu importe qu'il en comprenne ou non le contenu, Mélodie pressentait que ce geste concret permettrait à sa vue de se rétablir correctement.

Et ce fut effectivement le cas, avec le temps et certains exercices appropriés, elle recouvra une vision parfaite. Et les grosses lunettes beiges trouvèrent un nouveau lieu de prédilection: le nez de Coco.

Bien entendu, dans la vie de tous les jours, de telles guérisons demeurent plus difficiles à atteindre, mais pourtant certaines personnes y parviennent.

✳   ✳   ✳

Qui est l'offenseur?

Ce petit livre ne prétend pas fournir une théorie exhaustive sur le pardon puisqu'il s'agit avant tout d'un guide pratique condensé. Cependant, nous ne pouvons passer sous silence quelques points de références pour vous aider à mieux comprendre et cerner la distinction entre l'offenseur et l'offensé.

Dans le sens littéral du mot, l'offenseur représente celui qui, par une parole ou une action précise, blesse, insulte ou humilie une personne. C'est à lui que s'adresse notre pardon. Ces attaques sont toujours générées par des émotions primaires: la peur, la colère ou bien la tristesse. En temps normal, ces dernières sont saines puisque nous fonctionnons de manière réactive. Toutefois, quand nous n'arrivons pas à gérer ces émotions ou qu'elles sont inhibées, elles peuvent exploser à tout instant sous l'effet d'une stimulation intérieure (un souvenir) ou extérieure (une parole, un acte). Par exemple, le petit garçon qui a volontairement cassé la poupée de Mélodie n'éprouvait sûrement pas un sentiment d'amour lorsqu'il a accompli son geste de destruction. L'offenseur réagit la plupart du temps de manière impulsive:

–   à une attaque le visant personnellement ou ayant pour cible son entourage;

–   à une sollicitation extérieure;

–   à une mauvaise nouvelle;

–   à un échec imprévu;

–   à une pulsion profonde qui le met hors de lui-même;

–   à une sensibilisation marquée par la violence télévisée;

–   à un conflit familial qui dégénère;

–   à une séparation;

–   à des modèles issus de l'enfance;

–   à de vieilles blessures encore saignantes.

Et la liste pourrait s'allonger... Les délits du fauteur vont du plus petit larcin aux vols les plus crapuleux, de la manipulation timide à la violence physique, morale et verbale des plus virulentes. L'offenseur manque souvent de recul par rapport à ses agissements, à moins d'être engagé sur le chemin de la croissance personnelle. Bien sûr, il y a toujours sa conscience qui voudrait bien le rappeler à l'ordre, mais plus souvent qu'autrement, il la relègue aux oubliettes.

Même si le tableau que nous vous brossons de l'offenseur semble plutôt sombre, il nous faut bien comprendre, à sa décharge, que tout fauteur a lui-même été offensé dans son passé. Quelqu'un qui se sent aimé ou apprécié à sa juste valeur n'éprouve d'habitude aucunement le besoin de faire du tort à autrui. Peu importe le degré d'intensité de la faute commise, rappelons-nous qu'il s'agit toujours d'appels à l'amour. Certes, toute blessure intérieure quelle qu'elle soit ne justifie pas les actions malhonnêtes. Cependant, elle met en relief la fragilité humaine.

En chaque être humain sommeillent les émotions fondamentales de la peur, de la colère et de la tristesse. Lorsque ces dernières sont réveillées par une parole, un geste ou un événement qui les remettent en contact avec des blessures non cicatrisées de l'enfance, des réactions imprévisibles et irrationnelles peuvent survenir, entraînant dans leurs sillages, conflits, incompréhensions, violences et guerres.

De plus, ces émotions engendrent des conséquences, c'est-à-dire des sentiments qui génèrent à leur tour d'autres situations malencontreuses, entre autres: la culpabilité, la jalousie, l'inquiétude, la honte et le mécontentement.

Qui est l'offensé?

La personne qui reçoit les agissements, les commentaires et les trahisons comme une attaque personnelle devient une victime, ou l'offensée, pour mieux servir notre propos.

La victime de l'affront, tout comme l'offenseur, réagit bien souvent de manière impulsive et inconsciente. Toutefois, elle vit une gamme de sentiments bouleversants. Elle se sent tour à tour trahie, diminuée, honteuse, fragile, instable, anxieuse, abandonnée, mise de côté, triste, coupable, rejetée, nulle ou médiocre, et le plus souvent dépendante du fautif au point de vue émotionnel.

Lorsqu'une situation conflictuelle se manifeste entre deux individus, il est apparemment facile pour une tierce personne de discerner l'offenseur de la victime. Dans les cas de viol, d'inceste ou de meurtre, la question ne se pose même pas. L'identification de l'agresseur se fait sans l'ombre d'un doute. Cependant, quand il s'agit de conflits interpersonnels de la vie quotidienne, il devient plus difficile de déterminer qui a agressé l'autre et qui est au fond la véritable victime.

Par exemple, au sujet d'une altercation avec Josée, Sophie dira:

«Elle m'a dit que j'étais méchante et sans-cœur. Elle rit sans cesse de moi avec ses copines.»

Sophie se perçoit donc ici comme la victime, et Josée la personne offensante à qui pardonner, en raison de ses propos blessants et répréhensibles. D'autre part, Josée donne une tout autre version de la situation:

«Sophie ne m'a jamais aimée. Chaque fois que je lui parle, elle est sous l'impression que je veux l'attaquer et lui faire du tort. Elle interprète mal tout ce que je dis. Elle s'imagine même que mes amies et moi, nous nous moquons d'elle. Je ne sais pas pourquoi elle ne m'aime pas. Son attitude à mon égard est vraiment blessante.»

Comme on le voit, à son avis, Josée se sent la victime et, sans conteste, celle qui tient le rôle de l'offenseur est Sophie.

Lorsque nous sommes en conflit avec quelqu'un, il est toujours plus simple d'affirmer que l'offenseur: c'est l'autre! Mais en toute honnêteté, quand on regarde vraiment la situation de plus près tout en se posant la question suivante: *«Ai-je posé un geste, émis certaines paroles ou adopté une attitude, consciemment ou inconsciemment, qui auraient déclenché cette réponse de l'autre?»*, nous réalisons avec étonnement que nous sommes souvent en grande partie responsables de la naissance de toute situation conflictuelle.

Qui est l'offenseur? Êtes-vous l'offensé? À vivre dans la brume du ressentiment, de la colère ou de la tristesse, il s'avère souvent difficile de les différencier l'un de l'autre. Une écoute amicale ou professionnelle peut nous permettre de faire un bon discernement. Mais si nous n'avons pas accès pour le moment à de telles ressources, prenons du moins le temps de revenir à l'intérieur de nous-mêmes, de respirer profondément, puis de demander à l'Esprit de nous envahir de sa paix, de nous éclairer et de nous guider dans notre démarche de réflexion et de retour sur cet événement.

La femme adultère

Une histoire extraordinaire, puisée dans la Bible, démontre subtilement à quel point, dans bien des situations, nous oublions nos propres fautes pour nous attarder plutôt sur celles des autres.

«Un jour, des scribes et des pharisiens amenèrent à Jésus une femme qu'on avait surprise en adultère et ils la placèrent au milieu du groupe. "Maître, lui dirent-ils, cette femme a été prise en flagrant délit d'adultère. Dans la Loi, Moïse nous a prescrit de lapider ces femmes-là. Et toi, qu'en dis-tu?" *Ils parlaient ainsi dans l'intention de lui tendre un piège, pour avoir de quoi l'accuser. Mais Jésus, se baissant, se mit à tracer du doigt des traits sur le sol.*

«Comme ils continuaient à lui poser des questions, Jésus se redressa et leur dit: "Que celui d'entre vous qui n'a jamais péché lui jette la première pierre." *Et, s'inclinant de nouveau, il se remit à tracer des traits sur le sol. Après avoir entendu ces paroles, ils se retirèrent l'un après l'autre, à commencer par les plus âgés, et Jésus resta seul. Comme la femme était toujours là, au milieu du cercle, Jésus se redressa et lui dit:* "Femme, où sont-ils donc? Personne ne t'a condamnée?" *Elle répondit:* "Personne, Seigneur." *Et Jésus lui dit:* "Moi non plus, je ne te condamne pas: va, et désormais ne pèche plus."» (Jean 8, 3-11)[1]

---

1. *Traduction œcuménique de la Bible Tob.* Société Biblique Française et Éditions du Cerf, Paris (N.T., 1972 – A.T., 1975).

Comme les scribes, les pharisiens et la femme adultère, nous sentons tous, au fond du cœur, le poids de nombreuses erreurs. En renonçant à observer les fautes chez l'autre pour nous pencher sur les nôtres, nous ouvrons la voie à notre guérison intérieure. Notre vision, de moins en moins assombrie par le voile de nos accusations incessantes, s'éclaire alors pour nous permettre de nous libérer nous-même.

Se pardonner à soi-même devient alors une priorité. Car, comment le pardon peut-il s'étendre aux autres quand notre cœur demeure encore fardé des poisons de la haine et du ressentiment?

La faute

Avant toute chose, dans tout conflit, il est essentiel de déterminer quelle est la faute ou l'offense? Est-elle bien réelle ou n'est-ce pas plutôt une projection amplifiée par nos émotions à la suite d'un simple malentendu?

Une faute ou une offense renvoie toujours à la transgression d'un code moral ou religieux. Par exemple, attenter à la vie de quelqu'un constitue un manquement grave au respect sacré de la vie de nos semblables. Une offense est toujours d'ordre relationnel et implique une émotion et un sentiment. Ainsi, l'émotion de la peur engendre la jalousie; l'émotion de la colère entraîne un sentiment de mécontentement, etc.

Une faute *réelle* se reconnaît par son caractère mauvais et son intention est foncièrement blessante. Une faute *passagère* exprime une erreur de parcours qui, reconnue et pardonnée, ne se reproduit plus. Quant à la faute *irréelle*, elle suppose une fausse représentation mentale: une personne croit avoir fait du mal à quelqu'un alors qu'il n'en est rien. Parfois, consciemment ou inconsciemment, elle veut simplement qu'on la reconnaisse comme *victime* pour pouvoir mieux manipuler les sentiments des autres.

Établir que tel geste est une offense peut sembler un jeu d'enfant quand l'évidence de l'infraction est flagrante. Pourtant, les émotions qui surgissent à la suite d'un différend brouillent les pistes et empêchent d'avoir une vision claire. En conséquence, une faute apparemment minime au départ devient monumentale en raison des nombreuses réactions émotives qu'elle génère.

Ces réflexes émotionnels excessifs découlent d'un passé non résolu et n'ont bien souvent aucun rapport avec la faute en elle-même. Cette dernière est l'élément déclencheur du détonateur: les émotions. En fait, quand deux personnes sont en dysharmonie, les émotions de base refont surface et ce sont elles qu'il importe de régir bien plus que la faute comme telle. Lors d'un délit, on ne peut changer les faits, par contre, les émotions demeurent et demandent à être apaisées.

Comment arrive-t-on à se comprendre dans cet imbroglio? En précisant d'abord si la faute est réelle, irréelle ou passagère. Pour ne pas se leurrer soi-même dans cette étape, il faut en référer à une personne digne de confiance, puis analysez les émotions liées à cette faute. Sont-elles vraiment causées par l'offense ou éveillées par de vieilles blessures? La prochaine étape consiste à vérifier à partir de la liste suivante quelles réactions vous habitent lors d'une mésentente. Alors, vous serez plus susceptible d'entreprendre une démarche de pardon.

Les réflexes conditionnés

Observons ensemble les différents modes réactifs de gens qui vivent un conflit d'ordre relationnel:

–   L'accusation: *«Je ne suis aucunement responsable du conflit. C'est l'autre qui est coupable.»*

–   La culpabilité: *«Je me sens coupable du mal que j'ai pu causer.»*

–   Le retrait: *«Je me retire pour ne pas amplifier le conflit ou bien pour que l'autre se sente coupable.»*

54

- L'humiliation: *«Je me suis sentie trahie; jamais je ne lui pardonnerai.»*

- Le sacrifice: *«Ah! je n'ai pas le choix! Je vais devoir pardonner si je veux aller au ciel!»*

- La faiblesse: *«Je suis incapable de faire face aux gens à qui j'ai fait du tort.»*

- La bravade: *«Moi, je n'ai aucune difficulté à pardonner. C'est facile comme tout!»*

- L'interrogation: *«Pourquoi ça m'arrive à moi? Suis-je si mauvais?»*

- La dérobade: *«C'est faux! Je n'ai jamais rien fait! L'autre a tout inventé!»*

- La rancune: *«Jamais je ne pardonnerai. Comptez sur moi pour me venger quand j'aurai ma chance.»*

- La provocation: *«Viens me voir! Tu vas savoir comment je m'appelle!»*

- Le repentir: *«J'ai fait une erreur et je suis vraiment navré et désolé!»*

Nul doute qu'il existe plusieurs autres réactions que nous n'avons pas mentionnées. Nous pouvons nous reconnaître dans l'une ou l'autre de ces différentes options et établir quel comportement fondamental nous adoptons lors de nos dissensions. Sommes-nous victimes des événements ou sommes-nous davantage les instigateurs? les agitateurs? les exploiteurs? ou les repentants?

Nos réflexes conditionnés, positifs ou négatifs, nous empêchent d'avoir un regard clair sur nos expériences. Bien sûr, nous ne pouvons faire fi de la réalité! À des degrés divers, nous sommes tous plus ou moins façonnés par nos parents, nos amis, nos expériences ou notre vécu. Cependant, certaines de nos programmations sont tellement négatives qu'elles nous font expérimenter des situations qui n'auraient jamais existé sans ces conditionnements.

Par exemple, une personne pressée nous demande d'un ton essoufflé de lui laisser la place pour qu'elle puisse passer. En soi, l'événement n'a rien de dramatique. Il fait partie de la vie courante. Cependant, la personne à qui s'adresse cette requête a peut-être été conditionnée au cours de son enfance à toujours laisser sa place à des parents qui la trouvaient dérangeante; aussi prendra-t-elle très mal cette requête et en voudra même à cette femme.

D'ailleurs ce simple événement pourra déclencher une telle représentation mentale de son incapacité à être acceptée ou désirée qu'elle en voudra personnellement à celle qui, sans malice ni mauvaise volonté, aura ravivé une souffrance cruelle: le fait de se sentir rejetée. Vous comprendrez alors que la personne *pressée* n'est pas en faute *réelle*.

Évaluer nos attitudes ou nos façons de réagir, consciemment ou inconsciemment, à la suite d'une querelle, nous permet de différencier la faute réelle de l'irréelle et de déterminer à qui nous devons précisément pardonner: à l'autre, à nous-même ou aux deux?

Sitôt que nous jugeons quelqu'un, nous sommes rarement dans un espace d'amour, car le pardon est l'amour en action. Sans amour, nous ne sommes que des pantins régis par nos émotions et nos sentiments. Quand l'amour déferle en cascades lumineuses dans notre vie, le jour se lève sur nos noirceurs et illumine nos ténèbres. Alors, dans le rayonnement de notre être, nous pouvons contempler l'aurore merveilleuse de la réconciliation.

Mais pour parvenir à faire se lever ce fameux jour sur nos vies de discorde, il faut savoir pardonner.

✳   ✳   ✳

Chapitre 4

Comment pardonner?

Au pays d'Églantine

*I*l était une fois une jeune fille de quinze ans, Églantine, élevée dans un château magnifique de la Provence. Elle semblait vivre une existence sans histoire auprès de ses trois sœurs et de ses parents, le roi et la reine Maribourg. Mais, il n'en était rien. Sa grande beauté provoquait la jalousie et la haine de ses proches, sans compter les mauvais traitements et les vilains sorts qui ne cessaient de frapper la jeune princesse aux yeux ambre et à la longue chevelure couleur de blé.

Un jour, alors qu'elle terminait enfin de laver le plancher d'un long couloir, l'aînée, sourire en coin, apporta un seau rempli de boue qu'elle déversa à différents endroits sur le parquet. Dans une des salles adjacentes, fusaient les rires méchants des deux autres *complices tandis qu'elle lui disait avec mépris avant de s'esquiver:*

«Comment, fainéante, tu n'as pas encore fini de laver le plancher! Attends que dame la reine l'apprenne. Tu devras encore une fois te coucher sans manger.»

Les larmes ruisselaient sur le beau visage diaphane d'Églantine dont les joues s'émaciaient de jour en jour, mais elle reprit son courage à deux mains et elle se remit à laver le plancher. Tout à coup, un petit oiseau, un merle plus précisément, vint se poser sur le rebord d'une des fenêtres. Elle s'approcha lentement pour ne pas l'effaroucher. Quelle ne fut pas sa surprise quand le merle se mit à lui parler:

«N'aie pas peur! Je ne te ferai aucun mal!

— Que me veux-tu? demanda Églantine estomaquée devant cet oiseau parleur.

— Je veux t'apprendre un secret merveilleux qui aplanira ta vie de misère.

— Quel est-il, monsieur le merle? Ne me faites pas languir. Mon cœur est déjà ravagé par la honte et la culpabilité. Il ne connaît plus de repos et se morfond en des heures de tristesse et de pleurs.»

Le merle ne répondit pas, mais doucement, il se mit à siffloter une mélodie. Églantine sentit qu'on bougeait derrière elle, elle comprit que ses sœurs venaient d'arriver. La cadette prit la parole:

«Tu parles aux oiseaux maintenant! Serais-tu devenue folle?»

Puis, regardant ses sœurs, elle déclara d'un ton malveillant:

«Venez, allons tout raconter à mère. Elle répandra la nouvelle et Églantine deviendra sûrement la risée du palais.»

Les sœurs se retirèrent en continuant leur persiflage.

Le merle alla se poser sur l'épaule d'Églantine et lui chuchota à l'oreille:

«Ce soir, à la brunante, viens me rejoindre près de la fontaine du jardin.»

Et il s'envola sans lui donner le temps de répondre. Réconfortée d'avoir enfin trouvé un ami qui la comprenait, elle reprit joyeusement son travail. Lorsque les lumières commencèrent à faire briller le palais comme un joyau dans la nuit, elle se faufila par la porte de service et se dirigea en courant vers la fontaine.

Le merle l'attendait sur une branche de cerisier. Elle poussa un soupir de soulagement car un petit doute s'était immiscé en elle. Devenait-elle folle comme ses sœurs le prétendaient?

Mais non, elle avait toute sa raison car le merle l'accueillit en lui disant:

«Vous êtes très belle, chère enfant, mais vous êtes dotée en plus d'un cœur d'une telle pureté qu'aucune fille du comté ne peut rivaliser de grâce et d'innocence avec vous.»

Puis, la voyant regarder de tous côtés, il la rassura:

«Ne craignez rien, personne ne viendra.»

Timidement, Églantine s'approcha du merle charmant et lui demanda d'une voix plus douce que la rosée:

«Et ce secret, monsieur le merle, pouvez-vous me le révéler?

— Viens t'asseoir, chère enfant, et écoute ce que je vais te dire. Cette information te servira toute ta vie durant.»

— D'accord! souffla-t-elle, anxieuse de connaître ce mystère.

— Voici mon secret: Tu seras libérée si tu t'unis à Dieu.

– C'est tout!» s'exclama Églantine déçue.

Sans tenir compte de son commentaire, il répéta:

– Tu seras libérée si tu t'unis à Dieu.»

Il y eut un long moment de silence avant que le merle ne reprenne son discours:

«Églantine, tes sœurs n'agissent pas bien envers toi car elles se sont éloignées de Dieu. Et toi, tu ne penses pas à te confier à Lui. Aucun conflit ne peut prendre racine dans l'Amour. Rappelle-toi que les désaccords surviennent, entre autres, quand les personnes ne comptent que sur leurs propres forces. Pour réveiller le divin en toi, il te faut apprendre la véritable signification des mots compassion et service. Et, pour ce faire, poser des gestes de pardon demeure primordial.

– Mais comment? s'exclama-t-elle abasourdie. Comment pardonner tout le mal que mes sœurs m'ont fait? J'en aurais pour des années!

– En effet, il te faudra des années si tu te mets à comptabiliser tous leurs méfaits; mais personne ne te demande cela. Pour leur pardonner, reconnais d'abord le tort et les blessures causés, puis abandonne graduellement le ressentiment et la peur qui étouffent ton être. Voilà les premiers pas à faire. Lorsque

Dieu verra tes bonnes dispositions intérieures, il déposera au creux de ton cœur la
force et le courage nécessaires pour traverser
les murs d'incompréhension dressés entre tes
sœurs et toi. Et le pardon deviendra alors réalité.

«Bien sûr, reprit-il, les émotions t'envahi-
ront. Ne t'accroche pas à elles. L'apitoiement
ne t'apportera aucun soulagement. Accepte
de les vivre sereinement. Avec le temps, l'amour
de Dieu élargira ton cœur et tu vivras mieux
tes états d'âme.

– Grand merci, monsieur le merle! Cette
idée du pardon m'interpelle déjà, soupira-
t-elle.

– Merveilleux! s'exclama le merle en-
chanté. Rappelle-toi qu'une des façons de
pardonner consiste à laisser entrer Dieu en
toi pour qu'il libère les chaînes négatives qui
t'emprisonnent. Pour cela, tu dois d'abord
manifester une certaine ouverture et l'accueillir. Si tu es en guerre avec Dieu, prends le
temps de Lui parler intimement, de te débar-
rasser de tes fausses images et conceptions
d'un Dieu vengeur et rancunier. Dieu est
Amour. Et le pardon est l'Amour retrouvé.

«N'oublie jamais que Dieu étend son
pardon sur toi. Pour l'accueillir dans toute sa
plénitude, ton travail consiste à t'affranchir

des rancunes, des ressentiments et même de la tristesse qui freinent ta délivrance. Purifie ton regard, tes pensées et pose des gestes d'amour qui confondront ceux que tu considères comme tes adversaires. Et surtout, ne t'apitoie pas trop sur ton sort. Bref, je te répète mon message: «Tu seras libérée si tu t'unis à Dieu.

– Merci pour tant de sagesse, beau merle. Je vais mettre tout de suite tes conseils en pratique.»

L'oiseau parleur la regarda dans les yeux, puis, d'un battement d'ailes, s'envola vers le ciel. Églantine s'empressa de retourner au château, répétant constumment la phrase: «Tu seras libérée si tu t'unis à Dieu.»

Au cours des semaines qui suivirent, les trois sœurs ne furent pas sans remarquer des changements notables dans l'attitude d'Églantine. Mais quoi exactement? Quelle était cette flamme nouvelle qui semblait l'habiter? Pourquoi ne baissait-elle plus les yeux de honte lorsqu'elle les voyait arriver? Et par surcroît, pourquoi leur offrait-elle un sourire radieux, rempli d'amour et de tendresse?

Elles l'espionnèrent pendant plus d'un mois, oubliant même de lui faire subir leurs mauvais traitements, mais en vain, car elles ne réussissaient toujours pas à trouver ce qui avait motivé cette métamorphose radicale. Ses parents commençaient d'ailleurs à se poser eux aussi des questions. Leur enfant n'était peut-être pas aussi souillon et malade que ses sœurs le prétendaient.

Un soir, la cadette de la famille vint voir Églantine en catimini. Surprise de cette visite impromptue, elle lui ouvrit la porte de sa modeste chambre et lui présenta une vieille chaise. Devant son accueil et son geste chaleureux, la benjamine ne sut que dire, réalisant sans doute tout le mal qu'elle lui avait fait. Aussi lui demanda-t-elle d'emblée:

«Comment se fait-il que tu sois si transformée? Quel est ton secret?»

Églantine, qui avait pardonné à ses sœurs et ne s'entêtait plus à les juger, déclara:

«Tu seras libérée si tu t'unis à Dieu.»

Dans les moindres détails, elle lui raconta alors sa rencontre avec le merle et lui fit part des paroles de sagesse qu'il lui avait transmises. Puis, elle ajouta que la découverte d'un Dieu bon et aimant, toujours présent, avait fait chavirer son être tout entier. Désormais, elle vouerait sa vie à répandre le bonheur dans le cœur des gens, peu importe leur comportement ou leurs attitudes.

Émue devant ce récit, la puînée s'écrou-
la en pleurs à ses pieds, l'implorant de lui par-
donner toutes ses erreurs. Églantine lui dit:

«Ma chère, par la grâce de Dieu, je t'ai
déjà pardonné. Et n'oublie pas ce que je
t'ai dit à propos du merle.»

Pour la première fois de leur vie, elles
s'enserrèrent tendrement. La cadette partit le
cœur léger, mais non sans reconnaître qu'elle
devrait effectuer un long travail de purifi-
cation. Dans le corridor qui menait à sa
chambre, on l'entendait répéter: «Je serai li-
bérée si je m'unis à Dieu.»

Les autres sœurs eurent vent de cette
rencontre. Voyant leur cadette aider Églantine
dans ses tâches domestiques, elles furent de
plus en plus intriguées. Un jour, l'aînée entre-
prit de faire la même démarche auprès
d'Églantine et, elle aussi, sa vie s'en trouva re-
nouvelée. Seule, la troisième, malgré la totale
transformation de ses sœurs, n'alla pas vers
Églantine, préférant se retirer et vivre renfro-
gnée et solitaire.

La famille du château de Provence re-
trouva une nouvelle joie de vivre, et plus
jamais il ne fut question de tourmenter ou de
maltraiter Églantine. D'ailleurs, si vous prêtez
l'oreille au soleil levant, vous entendrez peut-

être le merle chanter et proclamer: «Tu seras libérée si tu t'unis à Dieu.»

✳   ✳   ✳

La liberté par le pardon

Ce petit conte que nous vous avons proposé, invite:

–   à porter un regard différent sur les autres;

–   à s'éveiller à la compassion et au service;

–   à ne pas recenser les méfaits;

–   à reconnaître simplement les torts et les blessures causés par le fautif;

–   à abandonner le ressentiment et la peur;

–   à libérer ses émotions sans s'apitoyer sur son sort;

–   à mettre de côté ses fausses croyances;

–   à laisser entrer Dieu en soi.

À cette liste, nous ajoutons d'autres options:

–   découvrir et mettre en déroute ses saboteurs intérieurs, tels le doute, la négation, le refus et la peur;

–   renoncer à la vengeance;

–   accepter l'autre tel qu'il est, avec ses qualités et ses faiblesses;

- découvrir la cause de ses inquiétudes;
- s'accueillir dans sa propre démarche de pardon;
- se renforcer chaque jour dans sa quête de liberté intérieure;
- mettre en lumière sa capacité d'aimer;
- retrouver la sagesse de l'âme pour atteindre sa pleine réalisation;
- se dissocier de l'ancienne relation (car il y a toujours un attachement à l'autre dans une querelle);
- faire son deuil personnel;
- remettre à Dieu toute injustice.

Il existe des conditions essentielles pour faire une bonne démarche de pardon:

- se rappeler qu'on est humain et fragile à l'erreur;
- conserver toujours un cœur de chair et non de pierre;
- être et rester humble;
- demeurer accueillant, ouvert;
- savoir écouter en toutes circonstances;
- ne jamais garder de rancune (poison mortel);
- éviter d'avoir toujours raison;
- ne pas faire le procès du coupable;

- consacrer ses énergies à trouver une solution;
- ne pas s'arrêter à un seul pardon, mais pardonner sans cesse;
- apprendre à aimer et à se laisser aimer.

Pardonner l'impardonnable?

Est-ce possible de pardonner à un individu qui a tué notre mère? Qui a violé notre meilleure amie? Qui a abusé sexuellement de notre enfant? Qui a volé toutes nos économies?

Dans le livre *Vers la lumière le chemin du pardon*[1], nous faisons la rencontre de Bryan, ce scientifique américain qui a contribué à la fabrication de la bombe atomique, larguée sur Hiroshima, le 6 août 1945. Pour lui, deux réactions s'avéraient possibles face à cet événement: être fier d'avoir suscité chez l'ennemi le désir de mettre fin à une guerre qui durait depuis 1939, ou bien, vivre un enfer moral permanent, menant à la dépression et à l'autodestruction.

Bryan n'a trouvé aucune satisfaction après cette tragédie et il n'est nullement demeuré indifférent. Au contraire, il a sombré dans une peine profonde, l'incitant même à absorber une

---

1. Marie-Lou et Claude. *Vers la lumière, le chemin du pardon*. Éditions Médiaspaul, 1998, pp. 92-94.

minuscule goutte de plutonium qui ravagea son estomac. Malgré de nombreuses interventions chirurgicales, il fut contraint jusqu'à la fin de ses jours à boire à la paille des aliments liquéfiés.

Plusieurs années de souffrances passèrent avant que Bryan ne soit libéré de cette culpabilité infernale par une Japonaise qu'il rencontra lors d'un voyage outre-mer. Elle-même avait mis beaucoup de temps avant de pouvoir pardonner aux Américains, mais, grâce à un moine, elle retrouva dans les replis de son âme, un coin lumineux où le pardon pouvait enfin avoir préséance.

Les crimes graves tels le viol, l'inceste ou le meurtre, exigent parfois une grande introspection et une sérieuse purification avant que les victimes puissent abandonner tout ressentiment ou esprit de vengeance. Certaines personnes parviendront au but fixé, d'autres non, malgré de bonnes propensions intérieures.

Il ne nous est pas demandé de devenir «des héros» et de refouler nos émotions pour paraître bons et généreux. Le pardon ne se veut pas non plus une obligation *sine qua non*; il représente un outil merveilleux qui permet à l'âme de progresser à son rythme vers les hautes sphères de la libération. Certains n'arriveront jamais à lâcher prise totalement sur un événement traumatisant. Ils doivent accepter leurs limites et leurs fragilités. D'autres le pourront à la suite d'efforts soutenus, de patience, de désir et de volonté fermes.

Comment composer avec les émotions?

Lorsqu'un conflit envenime notre quotidien et qu'il engendre la peur légitime de l'inconnu, alors nos émotions tourbillonnent et ligotent nos sens et notre raison. Nous sommes alors paralysés, affaissés, nous nous rebellons ou nous nous décourageons, mais nous demeurons rarement impassibles. L'émotion nous tient sur un pied d'alerte et le moment vient où nous nous laissons submerger par elle. Comment faire alors pour voir clair en nous, pour apaiser ce feu follet qui mine notre humeur et notre joie de vivre?

Il n'y a pas de solution miracle! Les premiers pas consistent à accueillir et accepter l'émotion qui se présente. L'étouffer ou l'amplifier par des pensées de peur et de crainte ne peut que conduire à une recrudescence du malaise. Bien sûr, en accueillant et en acceptant cette émotion, nous vivrons peut-être une vulnérabilité inconfortable; les masques de l'ego tomberont et nous nous retrouverons décontenancés vis-à-vis nous-mêmes. Trop souvent, la vulnérabilité représente à nos yeux une faiblesse que nous nous refusons d'embrasser. Pourtant, cette réalité nous permettrait d'être en contact avec notre être profond. Car bien comprise, elle demeure une grande force qui nous catapulte dans les bras de l'authenticité.

Maintes fois, nos émotions sont intensifiées et exacerbées lorsqu'une personne ose toucher à notre sacro-saint espace personnel. Nous nous rebiffons comme des tigres, prêts à attaquer ou à défendre nos intérêts. Mais encore là, si nous accueillons ces émotions et consentons à les vivre même si elles nous submergent – sans toutefois éclabousser les autres – nous opérons d'importantes transformations en nous-mêmes.

Comme un phare dans la nuit, notre vision s'éclaire, et une modification importante dans notre respiration et notre attitude démontre que l'apaisement commence à couler dans nos cellules, telle une rivière dans son lit. Le vent d'agitation que créait un regain d'émotions se transforme en une légère brise si nous lui donnons toute latitude pour s'exprimer. Sinon, elle prend de l'ampleur pour devenir un gigantesque tourbillon, une tornade, un ouragan, qui ravage tout sur son passage sans aucune discrimination.

Comme on le voit, les émotions font partie intégrante de notre existence. Toutefois, nous n'avons pas à les vivre comme des montagnes russes et nous donner des haut-le-cœur à chaque tournant ou chaque descente. Si cela semble le cas, n'ayons pas peur de consulter une personne-ressource ou un ami cher pour nous aider à mettre de l'ordre dans le fouillis de notre vie.

Il va de soi que le danger de nous éloigner de nous-mêmes – de ce que nous sommes fondamentalement – nous guette à chaque détour. Lorsque les émotions nous envahissent, que la peur prend le contrôle et nous tend le piège de l'autodestruction, remettons tout à Dieu: aussi bien nos peines, nos angoisses, nos révoltes, que nos tristesses. Ce geste allège concrètement le fardeau qui pèse sur nos épaules. Alors, les yeux tournés vers l'espoir, nous pouvons poursuivre notre démarche de pardon tout en continuant de lâcher prise et en développant un état de conscience supérieur.

✳   ✳   ✳

Chapitre 5

Des exercices de pardon

*U*ne des raisons principales qui rend les gens allergiques à toutes formes d'exercices, est le refus de se conformer à deux actions qui les rebutent particulièrement: l'engagement et la discipline, prétextant qu'elles représentent un enchaînement et une atteinte subtile à leur liberté.

L'engagement et la discipline personnels sont pourtant les assises de toute démarche, quelle qu'elle soit. Elles présupposent qu'une personne s'est fixée un choix clair et précis afin de donner priorité à certains aspects de sa vie.

Si nous accordons à une décision une importance de dix sur dix dans notre échelle d'accomplissement personnel (par exemple, maigrir de sept kilos en deux mois), il est aussi dans notre intérêt de mettre toutes les chances de notre côté pour atteindre le but visé. En cela, l'engagement et la discipline personnels sont indispensables et primordiaux. Dans une démarche de pardon, ils en sont les principaux fondements. Sans ces deux compagnons inséparables, une personne risque fort de ne jamais parvenir au but visé: la réconciliation.

Il existe de nombreuses méthodes pour pardonner. Les exercices que nous vous proposons ont pour objectif de libérer le cœur et l'esprit des scories de la mésentente. Au premier abord, ils peuvent paraître simplistes dans leur application, mais puisqu'ils ont le mandat d'aller extirper le venin des expériences difficiles et traumatisantes de votre vécu, ils peuvent parfois générer des émotions importantes. Nous vous demandons d'être bon et compréhensif envers vous-même. N'allez pas au-delà de vos forces.

Pour certains exercices, nous vous recommandons d'être accompagné d'une personne-ressource. Les émotions liées à un événement marquant sont tellement intenses qu'il est difficile de les résorber dans la solitude et le retrait. Un thérapeute saura davantage vous guider dans les moments douloureux et vous aidera à gérer les émotions qui se présenteront.

Dans ces exercices, ne poussez jamais jusqu'à l'extrême. Soyez réaliste et pondéré. Et surtout, prenez le temps de bien vous installer dans un endroit calme et paisible.

Nous ne suggérons aucun ordre particulier pour ces exercices, mais nous vous recommandons cependant de commencer par celui intitulé «le livre» (voir l'exercice proposé ci-dessous), à exécuter comme première étape de purification. La principale fonction de cet exercice consiste à se libérer de certaines charges émotives accumulées lors d'expériences traumatisantes ou conflictuelles. Il vous permettra ainsi de mieux vivre les exercices suivants, peu importe dans quel ordre vous les ferez.

Le livre

Installez-vous de préférence dans un bon fauteuil et détendez-vous. Prenez de grandes respirations et laissez-vous aller tranquillement à la relaxation.

Lorsque vous vous sentez prêt, imaginez que vous êtes dans un grand champ d'herbe verte. Sur une vieille clôture de cèdre, des ballons de toutes les couleurs, accrochés à des ficelles, se laissent agiter légèrement par le vent. À proximité, sur une grosse roche plate est déposé un volume. Prenez-le et ouvrez-le. En tournant chaque page, vous découvrez différentes tranches de votre vie, depuis votre naissance jusqu'à aujourd'hui, écrites avec une plume à encre verte.

Vous en lisez plusieurs passages. Vous réalisez, si tel est le cas, à quel point, enfant, vous vous êtes senti brimé, mal-aimé, méfiant, inquiet ou incompris. Vous constatez comment certains sentiments ont pris racine dans vos expériences de vie, les teintant d'un voile tantôt léger, tantôt opaque, mais jamais transparent.

Puis, vous entrez en contact avec les personnes qui vous ont blessé et celles que vous avez blessées. Certaines émotions commencent à refaire surface. Prenez-en conscience sans agir sur elles. Remarquez comment vous avez refusé, à bien des égards, de les laisser s'exprimer, préférant les étouffer et les enterrer au plus profond de vous-même. Vous avez troqué votre véritable identité pour endosser celle voilée d'un être traqué. Caché dans l'antre rassurant du superficiel, vous ne laissez rien paraître aux yeux des autres. Vous êtes une façade.

Aujourd'hui, vous désirez vous redonner le droit d'exister sans tous vos artifices. Cependant, vos émotions sont ou bien à fleur de peau ou bien solidement enfouies sous votre carapace de personne forte et sûre d'elle-même.

Refermez le livre de votre vie et remémorez-vous un événement précis ayant suscité beaucoup d'émotions en vous. Revivez en pensée cette situation. Abandonnez-vous à toute émotion ou sentiment qui voudrait resurgir (à faire seulement en présence d'une personne-ressource, même s'il s'agit d'imagerie mentale). Ne cherchez pas à l'amplifier et ne la diminuez pas non plus. Vivez-la telle qu'elle se présente. Après un certain temps, elle s'évanouira d'elle-même si elle n'est pas sollicitée par d'autres émotions ou expériences qui reviennent à la surface. Ne faites cet exercice qu'une seule fois, quitte à y revenir plus tard pour libérer d'autres émotions.

Une blessure profonde se guérit, entre autres, en libérant la charge émotive liée à un événement. Pour ce faire, il faut réactualiser la souffrance. Lorsque nous osons revivre la douleur initiale, elle dure rarement longtemps. Mais quand l'émotion nous semble intolérable et que nous refusons d'être confronté à elle – pensant qu'elle nous explosera en plein visage, comme une bombe, ou bien nous fera sombrer dans la folie – alors elle dure et perdure, nous rendant fragile et vulnérable.

Cependant, en permettant à l'émotion de nous visiter dans toute sa plénitude, nous reprenons le contrôle de notre vie et nous pouvons mieux affronter les adversités du quotidien sans nous laisser submerger par une trop grande affectivité.

Maintenant, levez-vous et choisissez un des ballons qui vous ravit le plus. Imaginez qu'au centre du ballon, une petite porte peut s'ouvrir sans toutefois qu'il ne se dégonfle. Mettez votre main à l'intérieur et découvrez-y un magnifique présent pour vous. Refermez la porte et laissez le ballon s'envoler dans le ciel bleu et ensoleillé.

Revenez doucement à vous-même en prenant de grandes respirations. Accordez-vous quelques moments de détente: laissez-vous glisser dans un bon bain parfumée aux huiles essentielles, faites une promenade de santé, effectuez des exercices de relaxation, étendez-vous sur le canapé en ne pensant à rien, écoutez une belle musique classique, etc.

✻   ✻   ✻

La lettre

Cet exercice, bien connu en psychologie moderne, permet encore une fois de libérer les émotions et les sentiments liés à un conflit.

Allumez un cierge et brûlez un bâtonnet d'encens pour purifier le lieu où vous êtes. Puis, laissez-vous envahir par une douce musique que vous aurez préalablement choisie.

Assoyez-vous confortablement à votre table de travail et écrivez une lettre à quelqu'un qui vous a blessé. Dites-lui ce qui vous a fait

80

souffrir et l'impact que cette offense a eu sur vous et dans votre vie. Confiez-lui les émotions ressenties suite à cette incartade et comment vous vous percevez depuis.

Quand vous aurez le sentiment d'avoir exprimé sur papier toutes vos réactions de colère, de tristesse, de dépit, de frustration, de découragement et de déception, terminez votre lettre en faisant connaître à cette personne vos intentions futures. Peut-être s'agit-il d'un désir de réconciliation, de la possibilité d'une rencontre éventuelle, de l'établissement d'une autre relation sur de nouvelles assises... Mettez ensuite cette lettre dans une enveloppe adressée à son nom et cachetez-la. Toutefois, ne la lui postez pas.

Dans un deuxième temps, imaginez que vous êtes cette personne recevant votre lettre et que vous y répondez. Mettez-vous dans sa peau et faites-lui dire ce qu'elle ressent pour vous. Ne censurez rien. Acceptez de voir, par le biais de l'écriture, sa vulnérabilité, sa peur, et surtout, sa souffrance. Vous serez surpris de découvrir tout ce qui prend vie sous les mots.

La troisième étape consiste à brûler les deux lettres: idéalement, dans la nature, ou encore au-dessus d'un lavabo ou d'un bain rempli d'eau (pour éviter de mettre le feu). Ensuite, lâchez prise et sentez le vent de libération vous envahir. Dans l'invisible, bien des nœuds intérieurs se défont.

Dans la dernière étape, lorsque vous vous y sentez prêt, imaginez-vous en présence de cette personne. Vérifiez le sentiment qui vous habite : êtes-vous mal à l'aise, inconfortable, anxieux ou bienheureux, paisible et enjoué? Éprouvez-vous le besoin de garder vos distances? de faire la paix? Si oui, faites-le. Offrez à l'autre un présent significatif, symbole de cette réconciliation. Cela peut être une gerbe de fleurs odorantes, une pierre précieuse, une chandelle... Laissez voguer votre imagination.

Si, au creux de votre être, une parcelle de ressentiment subsiste encore ou qu'aucun apaisement ne survient, acceptez cette situation sans rien bousculer. Reprenez cet exercice lorsque le cœur vous le dira. Rien ne presse. Vous devez suivre le rythme que vous dicte votre vitesse de croisière.

✳ ✳ ✳

Le rêve

Nous rêvons tous la nuit ou le jour, selon la période où nous sombrons dans le sommeil. Pour la plupart, nous conservons un souvenir précis de nos activités oniriques. Par contre, certaines personnes ne se souviennent aucunement de leurs rêves. Cet exercice s'adresse donc à ceux et celles qui ont une facilité à ramener à la mémoire leur vécu en état de sommeil.

Nos rêves sont porteurs de messages considérables, et si nous prenons la peine et le temps d'en tirer les grandes lignes de sagesse, nous pourrons avoir accès à des informations qui nous aideront à grandir et à évoluer au plan spirituel.

Mais comment le rêve peut-il nous aider à pardonner? Dans son livre *Découvrez votre mission personnelle*, Nicole Gratton nous dit: «*Quand nous rêvons, nous sommes beaucoup moins critiques et plus détachés au point de vue émotionnel. Ceci nous permet de percevoir avec un regard neutre le vécu quotidien et de jouir d'une vision plus vaste et plus globale de la réalité[1].*»

Le rêve apporte dans son sillage une mine extraordinaire d'informations concernant, entre autres choses, nos relations interpersonnelles et nos affaires de la vie courante. Lorsque nous rêvons, nos émotions sont à l'état pur. Ainsi, en les observant et en les analysant, nous pouvons entrer en contact avec la partie de nous-même qui a besoin de pardon ou de pardonner.

Par exemple, si dans un rêve récurrent, notre ex-mari nous poursuit et nous menace

---

1. Nicole Gratton. *Découvrez votre mission personnelle par les signes de jour et par les rêves de nuit*. Éditions Un monde différent, Saint-Hubert, 2000, p. 49.

constamment, il est possible que, dans notre vie d'éveil, les blessures ne soient pas encore guéries. Ce rêve nous signale qu'un travail de purification reste à faire. Il peut également nous révéler que, dans notre quotidien, nous vivons des conflits avec certaines personnes dont l'essence même nous rappelle le côté non résolu de notre dernière relation.

Pour identifier *la* ou *les* personnes avec qui nous voulons assainir notre relation, il existe une méthode qu'on appelle l'induction du rêve. Il suffit de faire des *postulats de rêve*, c'est-à-dire des affirmations claires et précises qui incitent notre partie inconsciente à nous révéler les informations voulues la nuit ou le jour – selon le moment où nous jouissons de périodes de sommeil. Un de ces postulats pourrait être:

«Cette nuit, mon rêve me révèle la personne à qui je dois pardonner.» Ou bien: *«Cette nuit, je règle avec une telle personne (inscrire le nom), le conflit qui subsiste entre nous.»* Au réveil, puisque le rêve est fluide, notons-le tout de suite dans un cahier pour conserver les perles d'informations mises à notre portée.

Parfois, ces messages sont difficiles à cerner car, ne l'oublions pas, le rêve recèle un petit côté caméléon. Il change de couleur et de forme selon l'impression qu'il veut soumettre à notre conscient. Il peut camoufler ces renseignements sous des images symboliques parfois cocasses et d'autres fois si ténébreuses qu'il semble impossible d'en extirper l'essence. Il suffit de refaire un autre postulat demandant au rêve d'être plus précis.

Chantal Ouellet, de *L'École des Rêves* recommande de se poser les questions suivantes sur tout rêve révélateur de blessures d'injustice ou de trahison:

«Quelle est la leçon à tirer de cette expérience? Quel en est le bienfait?»

Puis, elle nous dira:

«Les rêves sont des sentiments en image. Parfois ils vont intensifier une situation afin de développer un sentiment contraire le jour.

«Par exemple, un sentiment de haine, vécu le jour, va nous amener à développer, dans le rêve, le sentiment contraire: l'amour. Il en est de même pour la trahison qui se transformera en confiance, la tristesse en joie, etc. Au réveil, la personne ramène à sa conscience le sentiment vécu lors du rêve mais pas nécessairement le scénario. Ainsi, elle pourra dans une démarche évolutive, guérir la ou les blessures qui heurtent son cœur.»

Le rêve représente donc un atout important dans le dénouement d'un conflit. S'en servir, c'est grandir.

✳ ✳ ✳

Faire son deuil

Cet exercice, à faire en compagnie d'une personne-ressource, est connu depuis la nuit des temps et, selon les coutumes, est pratiqué de différentes manières. Son efficacité lui confère un rôle de premier plan dans une démarche de réconciliation.

Faire son deuil suppose de revivre en esprit une situation pénible, impliquant la personne avec qui nous éprouvons une difficulté relationnelle (certains l'actualiseront en la mimant), et l'amener à terme. Prenons comme exemple une séparation entre conjoints. Cette rupture se termine fréquemment dans la déchirure, la colère ou la tristesse, mais il est rare qu'elle s'achève dans l'harmonie et la sérénité. Faire son deuil équivaut à couper le cordon symbolique de haine, de tristesse ou autres, unissant les deux partenaires. En cela, cet exercice nous apparaît essentiel.

Dans un premier temps, habillez-vous entièrement de noir. Précisez l'événement que vous désirez purifier. Puis, installez-vous confortablement dans une chaise et revivez dans votre esprit les moindres détails de votre séparation. Si cette expérience s'avère trop douloureuse, arrêtez. Il ne s'agit pas de forcer le processus mais bien d'alléger le fardeau des émotions qui bloquent l'émergence de la paix et de l'harmonie en vous-même.

Si vous ressentez le besoin de pleurer, abandonnez-vous doucement aux larmes libératrices qui montent, sans tomber dans la complaisance ou l'exagération. Lorsque votre réminiscence sera terminée, imaginez que vous tenez une paire de ciseaux et que vous coupez définitivement le lien symbolique vous unissant à l'autre. Demeurez quelques instants dans le silence, tout en goûtant à la libération qui vient de se produire.

Certaines personnes, après une telle expérience, éprouvent beaucoup de tristesse. Ne retenez pas vos larmes. Laissez-les couler sur vos joues. Elles emporteront avec elles les dernières souffrances liées à cette relation. Alors, la blessure pourra se cicatriser.

À ce stade de la démarche, bien des gens choisissent de retirer leurs vêtements noirs représentant le deuil pour revêtir des habits blancs symbolisant la libération. Faites-le si cela vous tente. Laissez-vous porter par les pensées positives qui vous animent.

Pour plusieurs personnes, cet exercice peut être vécu de manière fort poignante et douloureuse. Respectez toujours vos limites. Admettez qu'au plus profond de vous-même puissent encore se tapir les affres de la colère ou de la tristesse. Si, à différentes phases de cette démarche et pour diverses raisons, vous vous sentez incapable de poursuivre l'exercice, renoncez-y tout simplement et remettez-le à un moment où vous serez mieux disposé à le vivre.

Puis, viendra un jour pas tellement lointain, où le soleil se lèvera au creux de vos misères, et qui sait si les rayons chauds du pardon ne viendront pas emplir votre demeure. Soyez sage! Donnez-vous du temps pour guérir vos blessures du passé.

✻ ✻ ✻

Un appel à l'amour

L'exercice qui va suivre portera fruit dans la mesure où vous serez complètement détaché du résultat. Car, pardonner l'impardonnable n'est pas tâche aisée et quiconque veut entreprendre cette démarche ne doit pas y être soumis ou s'y sentir obligé, mais y consentir en toute liberté et du fond du cœur.

Encore là, cet exercice doit obligatoirement se faire en présence d'une personne-ressource qui vous soutiendra tout au long du processus de libération. Bien sûr, il ne faut pas croire que cette démarche se déroulera en une seule étape. Pour certains, il faudra des mois, voire même quelques années, avant d'en arriver à un pardon complet. D'autres n'y parviendront vraisemblablement jamais. Le temps compte peu. L'important demeure la libération graduelle des émotions et des sentiments générés par l'événement, en autant que la personne le désire.

D'abord, racontez l'événement à celui ou celle qui est devant vous. Ne forcez pas les mots. Cette première étape pourra s'étendre sur plusieurs semaines. Puis, écrivez en détail l'événement sur une feuille de papier. Lisez-le plusieurs fois. Les émotions seront intenses et douloureuses, mais, petit à petit, vous réussirez à vous en détacher. Cette étape demeure capitale puisqu'elle permet d'obtenir un recul tout en vous désensibilisant progressivement de cet événement troublant.

Lorsque vous serez moins affecté au plan émotif, vous pourrez alors analyser cette expérience dramatique avec toutes ses composantes, sans la revivre dans toute sa force. Il est vain de croire qu'une tragédie ne laisse pas de traces indélébiles chez l'être blessé. Par contre, alléger le fardeau de la souffrance demeure indispensable pour vivre des moments de paix intérieure.

Lorsque cette étape sera terminée, et si la personne le veut bien et se sent capable de le faire, elle pourra poursuivre avec l'exercice du deuil à faire, dont nous vous avons donné les modalités dans l'exercice précédent.

✳   ✳   ✳

Dresser une liste

Pour retrouver votre paix et votre liberté intérieures face aux autres, à partir de votre enfance jusqu'à aujourd'hui, dressez une liste des personnes qui vous ont fait du tort et pour qui vous éprouvez du ressentiment, de la colère, de la tristesse, de l'agressivité, de la rancune, de la vengeance, de la haine, etc.

Sur une autre feuille de papier, inscrivez le nom de tous ceux et celles à qui vous avez porté préjudice ou que vous avez blessés, intentionnellement ou non. Ensuite, prenez le nom de la première personne sur votre première liste et dites :

«(Nom), je sais que l'Amour existe, entre nous, au niveau profond de l'âme. Par tes paroles, tes actions ou tes gestes, je me suis sentie blessée. L'enfant en moi a tremblé et réagi à sa manière. Au nom de l'Amour qui vit en chacun de nous, je te pardonne et je te demande également pardon d'avoir entretenu

des pensées négatives envers toi, (nom), suite à notre mésentente. Que l'Amour, comme l'eau vive du fleuve, lave et purifie notre relation et nous redonne un cœur aimant. Merci!»

Compte tenu de votre liste plus ou moins exhaustive, ce travail peut s'échelonner sur une période de quelques semaines jusqu'à plusieurs mois. Que vous ayez cinq, dix, trente, soixante, cent personnes ou plus sur votre liste, cela importe peu. Le but visé demeure l'allégement et la guérison des blessures du passé.

Lorsque vous avez complété cette liste, passez à la deuxième. Mentionnez le nom de la première personne et dites: «(Nom), je te prie de reconnaître en moi une âme blessée, qui, à mon tour, volontairement ou involontairement, t'a offensé. Au nom de l'Amour, vivant au plus profond de moi-même, pardonne-moi. Que les chaînes qui nous maintiennent prisonniers soient à tout jamais enlevées. Le soleil de la purification nous enveloppe maintenant de ses chauds rayons et fait fondre tout le négatif pouvant encore exister entre toi et moi. Dans l'Amour, aucun conflit ne peut persister. Qu'il en soit ainsi entre nous deux. Merci!»

Vous amorcez donc cette démarche avec chacune des personnes inscrites sur votre liste. Prenez le temps de vivre cette expérience et de vous y engager à fond, en toute simplicité, le plus honnêtement possible, et avec confiance. Le soir, avant le repos du corps et de l'esprit, vous pouvez énumérer «la» ou «les» personnes avec qui, au cours de la journée, vous avez eu un différend, un blocage ou un conflit, et reprendre les prières suggérées. Ce processus journalier vous empêchera d'accumuler des ressentiments, vous redonnera une légèreté d'être et une plus grande ouverture aux autres.

Il peut arriver qu'une ou des personnes figurant sur votre liste ne puissent obtenir votre pardon à cause des souffrances et des blessures trop vives en vous. Consultez un spécialiste, s'il le faut, pour mettre de l'ordre dans le conflit qui vous lie à ces personnes.

※　※　※

Recevoir le pardon

Dans une attitude d'accueil et de détente, relâchez les tensions de la journée et fermez les yeux. Imaginez un prêtre, un grand sage ou encore, un être de Lumière venir vers vous. Il s'assoit à vos côtés, près d'un ruisseau qui murmure doucement dans son lit. Les oiseaux pépient et le vent froisse légèrement l'herbe environnante. Vous regardez cette personne et vous sentez une onde délicieuse d'amour parcourir vos veines. Ses mains s'ouvrent et apparaît une lumière transparente en forme de bol.

Il vous demande de déposer en son centre tout ce qui vous tracasse: vos haines et vos ressentiments, vos désirs de convoitise et d'envie, vos violences et vos peurs, vos chagrins et vos révoltes. Rien d'obscur ne doit subsister en vous, aucune part d'ombre. Une fois terminé, le bol se referme et la lumière devient une petite boule translucide qui diminue pour finalement disparaître à vos yeux. Vous éprouvez alors un grand bienfait intérieur. L'être vous dit, avant de s'éloigner:

«Que ton cœur soit toujours comme ce ruisseau, transparent et joyeux.»

Le pardon n'est pas une baguette magique. Par contre, l'apport de la visualisation créatrice – comme en témoignent dans leurs ouvrages sur la question les éminents médecins: Bernie Segall, Carl Simonton, David Levine, Gerald Jampolsky, ainsi que la spécialiste en la matière aux États-Unis, Shakti Gawain – représente un atout important dans la guérison de l'âme et parfois même du corps.

✳ ✳ ✳

À éviter

– Abstenons-nous de dire à l'offenseur: «Je te pardonne et j'oublie», car malheureusement, l'expérience nous a prouvé que même si le cœur de la victime semble

apparemment s'être libéré, il n'en est rien
en réalité. Au moindre contact visuel avec
la personne impliquée dans le conflit, les
relents de haine et de colère surgissent de
nouveau, créant d'autres blocages et conflits.

– Évitons de croire que le pardon constitue
une panacée miraculeuse. Il est un outil de
travail et un moyen privilégié permettant
de guérir l'âme blessée. Le temps qu'il faut
pour pardonner varie selon les individus et
leurs réponses émotionnelles et affectives
devant les événements qui les ont troublés.

– Ne pensons pas que toute libération
d'ordre affectif ou émotionnel entraîne au-
tomatiquement une guérison physique
dans le cas de personnes malades. Certes,
il existe des cas exceptionnels pour qui le
pardon accomplit des résultats extraordi-
naires, mais il en est d'autres qui, malheureusement, n'obtiennent aucune rémission
dans leur maladie.

– N'essayons pas de vouloir comprendre à
tout prix les motifs ou les raisons de l'offenseur. En voulant faire son procès, nous
nous concentrons davantage sur le conflit
que sur la réconciliation.

– N'oublions jamais que, derrière chaque offenseur, se cache une personne blessée.

Sans doute, il existe bien d'autres exercices sur le pardon que vous pourrez trouver dans des livres sur le sujet. L'important consiste à adopter le ou les exercices qui vous semblent les plus pertinents pour votre croissance personnelle et spirituelle. Ne désespérons pas! L'Amour vient à bout de tout.

✻   ✻   ✻

Chapitre 6

Des témoignages

*L*oin, dans une vieille campagne, au nord de Quai-la-Brise, vivait un homme qui, beau temps mauvais temps, s'installait à l'entrée du village, comme une mère attend impatiemment ses petits enfants au retour de l'école. On l'avait surnommé «l'accueillant» parce qu'il allait toujours au-devant des étrangers qui se bousculaient, chaque fin de semaine, pour écouter ses propos remplis de sagesse.

Loin de se sentir envahi par cette foule de plus en plus dense, il arborait un sourire confiant et conservait une allure humble et sereine. Le scénario demeurait toujours le même. À quinze heures précises, il grimpait sur une belle roche unie surplombant le champ devant lui pendant que, petit à petit, les gens s'approchaient et s'assoyaient dans l'herbe soyeuse. Comme s'ils se trouvaient dans une église, ils faisaient silence et, dans la claire journée, sa voix s'élevait au-dessus de la foule.

Ce jour-là, son discours prit une tournure particulière. À peine les premières paroles prononcées, l'homme se mit à pleurer. Dans l'assistance, un mouvement de surprise et de compassion se fit sentir. Chacun se regardait, semblant demander à l'autre: «Mais pourquoi pleure-t-il?» Ayant plus d'une fois enseigné aux gens à vivre dans la joie et à grandir dans la beauté, cette attitude inattendue les déstabilisait. Cependant, par respect pour lui, ils n'interrompirent pas le flot de ses larmes se déversant comme une cascade.

Au bout d'un certain temps qui parut à tous une éternité, l'homme s'apaisa. D'une voix presque éteinte, il annonça à la foule le pourquoi de son désarroi. «Hier, ma mère a pris son envol vers des contrées inconnues de nous. Dans un de ses tiroirs, j'ai découvert une enveloppe adressée à mon nom. Si vous me le permettez, j'aimerais vous lire le contenu de sa lettre.

– Oui!» s'écria la multitude, tous en chœur et sans hésitation.

L'homme déplia donc la lettre et d'une voix un peu rauque, en commença la lecture:

«Mon cher garçon, demain je serai loin de toi. Il te faudra poursuivre ta route sans ma présence. Comme tout le monde, tu continueras de faire face à l'adversité, aux épreuves, aux problèmes et aux affres de la vie quotidienne, mais aussi, tu respireras les fleurs du bonheur, tu partageras tes connaissances à tous vents et tu sèmeras la joie dans le cœur d'autrui. Voilà ce qui est écrit dans le tracé de tout être humain sur la terre. Toi, mon garçon, ne crains pas de défier la trame répétitive de la vie pour témoigner d'une existence pacifiée et harmonieuse. Offre la tienne pour transmettre ce témoignage de l'Amour.

«Mon enfant, le monde vit dans l'illusion. Tant et aussi longtemps que tu demeureras sur cette planète, tu côtoieras la souffrance. C'est une utopie de croire que les petits instants de bonheur peuvent se renouveler pour devenir perpétuels. Je te le répète, ce monde est illusion et l'illusion se traduit par le tandem: «souffrance-bonheur». Cependant, l'Amour, cette petite fleur d'éternité, n'a pas de frontière. Elle fréquente les cœurs les plus durs et cherche à faire briller la flamme qui consumera les détritus dans lesquels le monde s'enlise.

«De cette vision émergera un nouveau monde où l'évolution pourra se poursuivre à un niveau de conscience supérieur. Cette région merveilleuse n'existe pas dans le monde tangible et matériel où chacun se bat pour l'obtention d'un pouvoir personnel. Elle règne au cœur de la transparence et de la beauté, où seul l'Amour agit en maître.

«Pour l'atteindre, développe un peu plus chaque jour ta capacité d'aimer pour que, petit à petit, cette réalité domine ton expérience. Remercie la vie pour toutes les occasions de grandir et de t'épanouir qu'elle t'offre. Divinise la matière en posant sur elle des yeux d'amour. Recherche la beauté en toute chose et en tout être. Fais jaillir sur tes semblables, par tes paroles et tes actions, le désir de grandir dans la paix et dans la joie.

«Mon cher fils, ton périple sur la terre ne fait que commencer. Sache que, derrière le voile du paraître, se cache le joyau de l'Amour. Comme les grands initiés, tu vaincras et tu dépasseras les épreuves et les souffrances pour découvrir que, pour la plupart, tu les as toi-même fabriquées. Alors, tu trouveras le trésor.

«Voilà l'héritage de ma vie. Va! Témoigne! Plus tu diras aux gens où l'Amour conduit, plus ils auront envie de purifier et d'élever leur conscience. À leur tour, ils pourront proclamer les bienfaits de la Vie.»

La foule demeura silencieuse un long moment. L'homme, dont la voix était maintenant plus claire, replia la missive et dit:

«Mes amis, le temps est venu pour moi de vous quitter, d'aller vers des terres inconnues pour répandre les semences de l'Amour. Avant de partir, je vous demande une seule chose: Soyez des hommes et des femmes de Paix et d'Amour. Peu importe votre métier ou votre profession: boulanger, préposé aux services d'entretien, fermier, médecin, commis de bureau, avocat, infirmier ou infirmière, vendeur, écrivain, technicien, ministre, mère au foyer, professeur, etc., manifestez de la paix dans vos gestes et vos paroles afin d'aider les autres à grandir dans leur propre odyssée. Agissez et faites tout par amour, et vous verrez un monde meilleur émerger des cendres de l'illusion.»

Un tonnerre d'applaudissements accueillit ses propos. L'homme salua la foule et partit accomplir son destin d'un pas joyeux.

✳   ✳   ✳

Témoignages

Les témoignages représentent le voile levé sur des bribes de vie de gens qui osent se confier. Tout comme cette mère témoigne et invite son fils au partage, nous vous proposons trois vécus de personnes qui ont expérimenté le pardon comme source de guérison intérieure. Leur témoignage apporte un baume à l'âme et nous exhorte à une envolée au cœur de l'essentiel.

Nous ne commenterons pas ces expériences laissant plutôt à chacun la liberté d'en tirer les leçons de vie qui lui conviennent.

L'enfant prodigue

Qui ne connaît pas l'histoire de l'enfant prodigue: le père, dont le fils est parti pendant des mois faire la fête et qui, à son retour, le reçoit encore comme son enfant bien-aimé? Ou bien celle de la brebis retrouvée: le berger qui laisse ses quatre-vingt-dix-neuf autres brebis pour aller à la recherche de celle qui s'est perdue?

Voici l'histoire d'une famille qui a vécu les tourments de la souffrance à cause de l'égarement d'un des leurs.

Alexis, encore adolescent, commença à vivre sous l'influence de jeunes qui prenaient de la drogue. Malgré les tentatives répétées de son père Joseph et de sa mère Céline, de vouloir le sortir de cette expérience qui prenait de plus en plus les couleurs de l'enfer, rien n'y faisait. Il continuait à s'enfoncer dans ce marasme et plus rien ne comptait pour lui, sinon de se procurer jour après jour sa petite dose de paradis artificiel.

L'engrenage, dans lequel il était complètement pris, l'amena à commettre différents larcins, à voler ses frères et sœurs, y compris ses parents. Ceux-ci, malgré les recommandations de certains proches de le laisser tomber et de ne plus s'en occuper, continuèrent à lui prodiguer des paroles d'amour et à se rendre, une fois par semaine, aux soirées de prières chez les Pères Trinitaires de Granby. La distance importait peu. Ce qui prévalait pour eux, c'était la délivrance de leur fils de cette vie infernale. Et la prière représentait leur moyen de prédilection.

À quatre reprises, Joseph et Céline inscrivirent Alexis dans des centres de désintoxication, mais à la moindre occasion, il s'en évadait. Prévenu par les intervenants, Joseph, malgré de violentes tempêtes de neige, prenait la route à la recherche de son fils évadé. Lorsqu'il le repérait, il l'invitait à prendre un bon repas au restaurant, puis le ramenait au centre.

Avec le temps, les frères et sœurs ainsi que les proches de la famille, commencèrent à trouver cette situation difficile et intolérable à vivre. L'inquiétude constante sur le visage de leurs parents, leurs cheveux teintés de gris en l'espace d'un an, leurs yeux cernés et parfois rougis d'avoir beaucoup pleuré, les rendaient de moins en moins compatissants au vécu d'Alexis.

Il fallut vingt-cinq années de larmes et de déceptions entremêlées de prières, d'espérance et de supplications, avant que la Providence n'intervienne. Pendant une longue période de temps, Alexis rencontra une dame qui l'aida à remonter, une à une, l'échelle de l'estime de soi et à se libérer graduellement de l'empire de la drogue. Puis, avec humilité, il alla voir chaque membre de sa famille pour leur demander pardon. Cette démarche fut accueillie avec un grand soulagement et une joie profonde... sauf par Gérard, l'un de ses frères.

De voir l'intolérable souffrance miner ses parents pendant toutes ces années avait érigé un mur de colère et de ressentiment entre Alexis et lui.

Toujours aussi soucieux de maintenir la paix au sein de sa famille, le père rencontra Gérard une première fois. Ce dernier lui reprocha amèrement sa conduite. À son avis, Céline et lui en avaient trop fait pour Alexis.

Malgré son cœur rempli de douleurs, Gérard accepta des mains de son père, quelques feuilles de papier sur lesquelles étaient transcrites des paroles de sagesse puisées dans de grands livres spirituels.

Quelques semaines plus tard, une deuxième rencontre avec Gérard démontra que Joseph commençait à percer une brèche dans sa lourde carapace. Une dernière visite réussit enfin à dissiper tous ses ressentiments à l'égard d'Alexis et de ses parents. Il retrouva la paix intérieure après toutes ces années d'angoisses et de tourments.

Depuis, Gérard et Alexis sont redevenus non seulement des frères, mais de grands amis. Quant à la famille, malgré les épreuves de parcours, elle retrouva sa gaieté, sa sérénité, son entrain et sa joie de vivre.

* * *

L'impardonnable pardonné

Pénélope, une belle jeune fille de dix-huit ans, revient d'une fête. La nuit est déjà entamée. L'été prend son essor et la chaleur est suffocante. Tout à coup, elle sent un déplacement rapide derrière elle. En moins de deux, elle est projetée dans un buisson et elle se fait violer.

Arrivée chez elle, elle prend une douche interminable. Elle mêle ses larmes à l'eau qui coule et étouffe les cris voulant jaillir de ses lèvres.

Pendant des mois, méfiante et craintive, elle enfermera ce secret au fond d'elle-même.

Cette souffrance et cette blessure profondes la plongent dans un chagrin et un désarroi indescriptibles. Une main secourable lui est tendue pour lui venir en aide. Cet être providentiel gagne peu à peu la confiance de Pénélope, tant et si bien qu'elle parvient à lui livrer le secret qui emmure son cœur et son âme depuis si longtemps. Violée!

Enfin, ce mot sort de sa gorge et la déchire comme un couperet. Les sanglots de dépit, retenus depuis belle lurette, émanent d'une source intarissable. Les paroles qui s'échappent d'elle traduisent son désarroi: honte, méfiance, dégoût d'elle-même, angoisses, perte d'estime personnelle. Désormais, le venin qui l'empoisonnait est extirpé grâce aux larmes et aux mots, et sombre non pas dans l'oubli, mais dans la terre des souvenirs douloureux.

L'âme secourable devient plus tendre. Deux bras l'entourent. La méfiance offre encore quelques résistances, mais Pénélope s'abandonne finalement, et se réfugie toute tremblante dans l'antre de l'amour. Cette fois-ci, des larmes de tristesse mouillent la chemise de l'amie qui, sans broncher, accueille sa souffrance en lui donnant la chance de s'exprimer.

Pendant plus deux ans, Pénélope tentera de recoller les morceaux de sa vie éparpillés comme autant de feuilles au vent. Un certain après-midi, l'âme compatissante lui parle de la possibilité de pardonner à son agresseur.

Comme sa blessure n'est pas encore cicatrisée, Pénélope répond NON. Mais le temps passe et vient le jour où elle juge le moment venu de lâcher prise, de renoncer à se battre avec un fantôme du passé. Le pardon est émouvant. Il lui fait mal. Pourtant, il la pacifie et lui apporte tout de même une paix intérieure bienfaisante.

Aujourd'hui, Pénélope se sent mieux même si des relents de cette meurtrissure, au fond d'elle-même, lui rappellent à l'occasion son expérience troublante et traumatisante. Elle évite encore de sortir la nuit, mais malgré tout, la vie continue. L'esprit plus léger, elle poursuit son chemin vers de nouvelles contrées, vers son inéluctable destin.

✳ ✳ ✳

Au-delà du désarroi

Il s'appelle Frédéric. Jeune homme de vingt-quatre ans, sérieux et motivé, il s'inscrit au barreau pour devenir avocat. Malheureusement, un drame personnel l'affecte. Sa compagne se meurt de leucémie.

Comble de malheur, Raymond, un étudiant de sa classe, arrogant et prétentieux par surcroît, ne cesse de le rabaisser aux yeux des autres et de lui faire la vie dure. La raison? Il le trouve incompétent.

Frédéric, malgré son intelligence vive et ses capacités exceptionnelles d'apprentissage, éprouve beaucoup de difficulté à se concentrer à ses examens en raison de la maladie de sa copine. Son rendement scolaire en souffre; ce qui donne libre cours à Raymond pour lui faire un mauvais parti. Avec le temps, il devient l'exclu de la classe, celui qu'on méprise et ridiculise. S'avouant vaincu, il abandonne ses études et demeure au chevet de son amie qui meurt quelques mois plus tard.

Très affecté par la perte de son amie et écrasé par le manque d'égards et d'estime des étudiants de sa classe, il tente de mettre fin à ses jours. Mais heureusement, la Providence veille au grain. De son lit d'hôpital, il se remet tant bien que mal de sa tentative de suicide, jusqu'au jour où il est mis en présence de Marie-Marthe, une bénévole qui sait parler à son cœur. Elle l'invite à se libérer de ses tourments et de ses pensées défaitistes dans une démarche de pardon.

Pendant les dix jours de sa convalescence, grâce à elle, il apprend à se dégager des chaînes du ressentiment et à laisser affluer les larmes qui ne demandent qu'à couler. Puis, le pardon, comme une brise légère vint sécher la pluie de son cœur et lui redonna le goût de vivre. Au trimestre suivant, Frédéric reprit ses cours à l'université et devint, plus tard, un brillant avocat.

Les histoires de pardon ne se terminent pas toujours comme des contes de fées, dans l'apothéose. Par contre, force est de reconnaître que des liens se dénouent dans l'invisible et permettent à nouveau au cœur d'une personne blessée de battre à un rythme plus apaisant.

✳ ✳ ✳

Chapitre 7

Élévation de l'âme

*D*ans ce chapitre particulier, nous vous proposons différentes prières qui vous permettront d'intérioriser et de saisir davantage l'essence du pardon.

ACCUEILLIR

Dieu,
aide-moi
à être pour tous
celui ou celle qu'on ne dérange jamais,
qui reçoit avec bonté,
qui écoute avec sympathie,
qui donne avec amour.
Celui ou celle qu'on est toujours certain
de rencontrer quand on a besoin
de parler à quelqu'un.

Aide-moi
à être cette présence rassurante,
à offrir cette amitié reposante,

à rayonner cette paix joyeuse,
à être recueilli, recueillie en toi, pour toi.

Que ta Pensée ne me quitte pas,
que ta Vérité habite en moi,
que ta Loi soit mes délices.

Et qu'ainsi dans la simplicité du cœur,
dans le quotidien de ma vie,
je puisse aider les autres
à te savoir plus proche,
à reconnaître ton amour
dans un geste d'accueil.

Louis Langevin
Les Amis de la prière, Sœurs de Saint-Joseph

AIMER

Aimer,

c'est être capable d'accepter l'autre tel
qu'il est;
c'est pouvoir dire à l'autre:
«j'ai besoin de toi»;
c'est reconnaître que l'autre peut
avoir raison.

Aimer,

c'est être capable de dire: «je te félicite!»;
c'est être capable de dire: «excuse-moi»;
c'est être capable de pardonner.

Aimer,

c'est être capable d'ouvrir la bouche
pour ne dire que la vérité;
c'est être capable de retenir sa

langue afin de ne pas offenser;
c'est être capable d'encaisser des coups
sans vouloir les remettre;
c'est être capable de dire:
«viens faire un tour chez moi»;
c'est accepter de lutter dans la vie
sans écraser les autres.

Aimer,

c'est vouloir monter sans abaisser les autres;
c'est faire la paix et le bonheur
autour de soi;
c'est ouvrir les bras
et fermer les yeux.

Adaptation de la prière Aimer
Les Amis de la prière, Sœurs de Saint-Joseph

PRIÈRE SIMPLE

Seigneur,
faites de moi
un instrument de votre paix!

Là où il y a de la haine,

que je mette l'amour.

Là où il y a l'offense,

que je mette le pardon.

Là où il y a la discorde,

que je mette l'union.

Là où il y a l'erreur,

que je mette la vérité.

Là où il y a le doute,

que je mette la foi.

Là où il y a le désespoir,
  que je mette l'espérance.
Là où il y a la tristesse,
  que je mette la joie.

  Ô Maître,
  que je ne cherche pas tant
  à être consolé... qu'à consoler;
  à être compris... qu'à comprendre;
  à être aimé... qu'à aimer;
  car:

c'est en donnant... qu'on reçoit;
c'est en s'oubliant... qu'on trouve;
c'est en pardonnant...
qu'on est pardonné;
c'est en mourant...
qu'on ressuscite à la vie éternelle.

Saint François d'Assise

NOTRE PÈRE

  Notre Père,
  qui est aux cieux,
  que ton nom soit sanctifié,
  que ton règne vienne,
  que ta volonté soit faite
  sur la terre comme au ciel.

  Donne-nous aujourd'hui
  notre pain de ce jour.
  Pardonne-nous nos offenses,
  comme nous pardonnons aussi

à ceux qui nous ont offensés.
Et ne nous soumets pas à la tentation,
Mais délivre-nous du mal. Amen!

PRIÈRE À L'ARCHANGE RAPHAËL

Telle une étoile lumineuse
détachée de son ciel lointain,
viens accomplir, ô Archange Raphaël,
tes prodiges au cœur de nos ombres.

D'un mouvement d'ailes élancées,
traverse l'invisible vers notre rive.
Dessine, sur les contours de nos vies,
le cercle lumineux de ta protection.

Pour que, de l'aurore au crépuscule,
du soleil couchant au soleil levant,
s'épanouissent nos âmes,
dans la lumière de ton amour.

Merci, ô Archange Raphaël,
compagnon de tous les instants.
Ton fleuve d'eau vive coule en nous
pour nous inonder de joie. Amen.

Marie-Lou

LE RÊVE

Sois loué
pour le rêve,
et toute la beauté qu'il apporte à nos vies.

Le rêve aux grands trajets et aux lointains
voyages, aux horizons immenses.

Sois loué
pour le rêve,
et toute l'évasion aux multiples issues
qu'il offre à notre cœur prisonnier
des limites d'un réel trop étroit.

Sois loué
pour le rêve, et pour tous les espoirs
qu'il cherche à exprimer,
pour les désirs secrets qui,
grâce à son langage, peuvent se dévoiler.

Sois loué
pour le rêve, et les nombreux projets
qu'il veut élaborer,
qui nous font dépasser
les objectifs restreints de notre activité.

Sois loué
pour le rêve auquel tu veux donner
tout l'accomplissement,
rêve d'un univers
dominé par l'amour.

Extrait de Louange, Éd. SINTAL, 1974, p. 25

✳ ✳ ✳

Chapitre 8

Des pensées miséricordieuses

Paroles de sagesse

*T*ous et chacun, nous connaissons des pensées qui nous interpellent et qui éveillent en nous les mémoires de la sagesse. Leur beauté ne réside pas seulement dans les mots mais dans les messages dont elles sont porteuses.

Celles que nous vous proposons, pour votre réflexion, parlent de pardon, de miséricorde, de charité et d'amour:

«L'âme ne pense point à voir, mais à aimer toujours davantage et à être concentrée en Celui qu'elle aime.»

(Marie de l'Incarnation)[1]

---

1. Marie de l'Incarnation. *Le Témoignage de Marie de l'Incarnation*. Éditions Beauchesne, 1931, p. 67.

«Ne laissez jamais passer un jour sans étendre un bras d'amour vers quelqu'un qui ne fait pas partie de votre foyer: simple mot, lettre, visite, aide sous une forme quelconque.»

(Dieu appelle)[1]

«Les blessures du passé non guéries nuisent au bon fonctionnement de la personne. Elles entravent l'actualisation des richesses de l'être jusqu'à la maintenir dans un état de sous-développement.»

(Ouvrage collectif par PRH-International)[2]

«Il suffit parfois de si peu de choses pour allumer un amour qui ira jusqu'au bout de la vie. Un mot peut suffire, qui atteint comme une flèche le cœur profond.»

(Daniel Ange)[3]

«Lequel des deux souffre le plus: celui qui pardonne promptement et de bon cœur,

---

1. *Dieu appelle*. Éditions de la Baconnière SA, Neuchâtel, p. 14.
2. *La Personne et sa croissance*. Ouvrage collectif réalisé par PRH-International, Éditions avril, 1997, p. 187.
3. Daniel Ange. *Les saints de l'an 2000, pourquoi les massacrer?* Éditions Saint-Paul, Paris-Fribourg, 1981, p. 87.

ou celui qui nourrit des sentiments de haine contre son prochain?»

(Le curé d'Ars)[1]

«Le pire de tout, au sujet du ressentiment, c'est qu'il nous atteint nous-même, alors qu'on le pense dirigé vers les autres.»

(Paul Longpré)[2]

«Peu importe vos angoisses passées. Oubliez, pardonnez, aimez et riez à la vie.»

(Dieu appelle)[3]

«C'est dans la rosée des petites choses que le cœur trouve son matin et qu'il se rafraîchit.»

(Khalil Gibran)[4]

«Le pardon doit être plus qu'un outil passager. Il doit devenir un rendez-vous quotidien avec soi-même et les autres.»

(Marie-Lou et Claude)[5]

1. Bernard Nodet. *Le Curé d'Ars: Pensées*. Éditions Xavier Mappus, Cerf-Paris, 1995, p. 218.
2. Paul Longpré. *Le Mode de vie des douze étapes*. Éditions Fides, Montréal, p. 98.
3. *Dieu appelle*. Éditions de la Baconnière SA. Neuchâtel, p. 195.
4. Khalil Gibran. *Le Prophète*. Éditions Sélect, 1981, p. 70.
5. Marie-Lou et Claude. *Vers la lumière, le chemin du pardon*. Médiaspaul, 1998, p. 96.

«*La vie intérieure est un bain d'amour dans lequel l'âme se plonge.*»

(Le curé d'Ars)[1]

«*Ne craignez pas de suivre les mouvements qui vous poussent à parler à Dieu familièrement et amoureusement.*»

(Marie de l'Incarnation)[2]

✳︎ ✳︎ ✳︎

1. Bernard Nodet. *Le Curé d'Ars: Pensées.* Éditions Xavier Mappus, Cerf-Paris, 1995, p. 91.
2. Marie de l'Incarnation. *Le Témoignage de Marie de l'Incarnation.* Éditions Beauchesne, 1931, p. 300.

Conclusion

*L*e pardon! Quelle joie et quelle allégresse d'en connaître les vertus curatives pour l'âme blessée ou en détresse.

Nous espérons que ce petit livre a su répondre à vos attentes. Bien entendu, le pardon demeure un processus complexe et nous ne pouvons pas, dans un cadre si restreint, aller plus en profondeur pour en exprimer toutes les composantes. Toutefois, nous sommes convaincus que le contenu de ce volume vous aidera à faire une bonne démarche de pardon. Nous la croyons essentielle pour toute âme qui aspire à mieux se connaître et à libérer le divin en elle.

Nul n'est parfait en ce monde et chacun d'entre nous possède cette zone d'ombre intérieure qui nous porte, bien souvent et malgré notre bonne volonté, à porter préjudice à quelqu'un. Voilà le lot de tout être humain. Par bonheur, la démarche de pardon nous propose de contrecarrer cette tendance, en nous apprenant à grandir et à nous épanouir dans l'amour de soi et d'autrui.

En prenant conscience des différents appels à l'amour tapis sous chacun de nos différends, nous apprenons à manifester plus de compassion pour la souffrance humaine. Ainsi, nous cessons de perpétuer le pessimisme et le défaitisme qui, dans son ressac, entraîne toutes sortes de malentendus.

Depuis quelques années, les cinémas projettent des films qui s'adressent de plus en plus à notre cœur. Ils nous inspirent à devenir meilleurs et à aider, autour de nous, toute personne dans le besoin.

On n'a qu'à penser aux films *La Ligne verte* et *Hurricane* qui nous rappellent l'importance d'aider ceux et celles qui sont prisonniers d'eux-mêmes et de la société illusoire dans laquelle ils vivent.

Plusieurs personnes nous écrivent en disant que, tout en reconnaissant l'importance du pardon, elles refusent catégoriquement de pardonner à certains êtres dont la seule présence ou le discours les font se hérisser. *«Jamais*, disent-elles, *ils n'obtiendront mon pardon.»*

Tant et aussi longtemps que nous serons incapables de remplacer la haine par l'amour, la plaie, causée par une trahison ou une injustice, demeurera béante. Certes, il ne faut pas forcer le pardon, mais rappelons-nous que garder rancune à quelqu'un nous fait bien plus de tort qu'à l'autre.

Le pardon est une pratique évolutive qui nous permet de revenir à l'amour. Et toute démarche de pardon peut panser une blessure d'amour créée par une injustice et qui demande à être réparée avec douceur et bonté. L'humilité et la compassion sont les qualités nécessaires pour faire reculer les sécurités rationnelles et les doutes qui surgissent en cours de cheminement.

Avec le temps, nous découvrons que le beau risque du pardon nous entraîne à faire confiance et à développer un regard plus serein sur nos expériences de vie. Plutôt que de sombrer dans les mélodrames et les scénarios de tout genre, nous accueillons l'émotion présente dans toute sa douleur et sa souffrance, sans l'amplifier ni la minimiser. Alors, nous sommes en mesure d'apporter les correctifs nécessaires aux conflits qui nous affectent, qui nous bloquent, qui nous briment et qui nous blessent.

Enfin, lorsque nous consentons à abandonner nos luttes farouches et nos ressentiments, nous ouvrons une fenêtre sur un monde de couleurs et de beautés. C'est ainsi que nous redécouvrons la vraie signification du verbe CROIRE:

Croire en la création:

- c'est découvrir que la vie est belle et vaut la peine d'être vécue.

Croire en soi-même:

- c'est s'accepter tel qu'on est;
- c'est croire en ses talents et ses aptitudes;

Croire aux autres:

- c'est accepter leurs différences;
- c'est se réjouir du succès et du bonheur d'autrui;
- c'est faire confiance;
- c'est ne pas jalouser ni envier;
- c'est ne pas juger, ni critiquer ou condamner;
- c'est comprendre, aider, encourager, respecter.

Croire en un Être supérieur:

- c'est s'abandonner à Lui;
- c'est lui être fidèle.

Oui! Avoir la foi, c'est croire. Croire, c'est faire confiance. Faire confiance, c'est s'abandonner. Prenons le risque d'aimer. Peut-être, verrons-nous s'épanouir sous nos yeux les fleurs que nous avions cru à jamais fanées.

Marie-Lou et Claude

Note des auteurs

*L*es personnes désirant livrer leur témoignage ou obtenir de l'information sur les
conférences et les ateliers sur le pardon de
Marie-Lou et Claude peuvent le faire à l'adresse
suivante:

Marie-Lou et Claude
C.P. 546 C.D.N.
Montréal, Québec
H3S 2V3